OLIVER KIRCHER

# WEIN

*Geschenk Gottes*

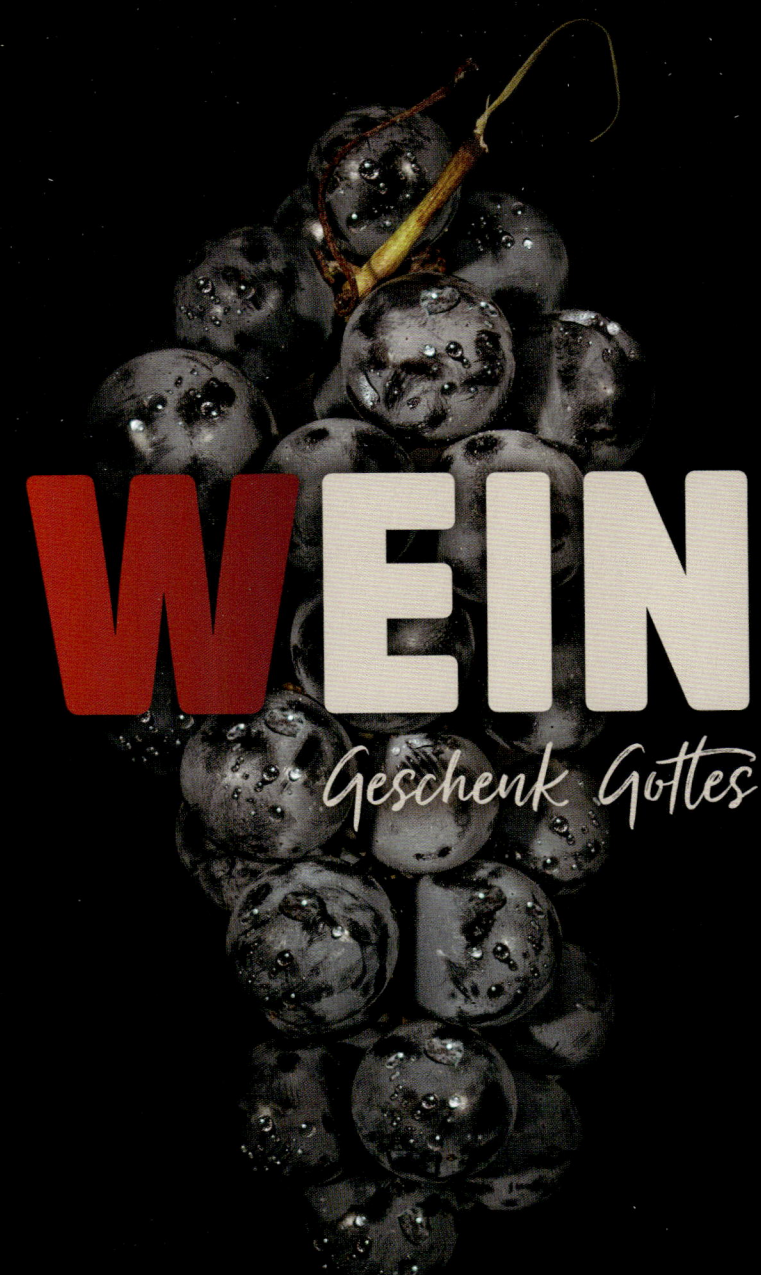

OLIVER KIRCHER

# WEIN

Geschenk Gottes

SCM

Hänssler

# SCM

## Stiftung Christliche Medien

SCM Hänssler ist ein Imprint der SCM Verlagsgruppe, die zur
Stiftung Christliche Medien gehört, einer gemeinnützigen Stiftung,
die sich für die Förderung und Verbreitung christlicher Bücher,
Zeitschriften, Filme und Musik einsetzt.

© 2020 SCM Hänssler in der SCM Verlagsgruppe GmbH
Max-Eyth-Straße 41 · 71088 Holzgerlingen
Internet: www.scm-haenssler.de · E-Mail: info@scm-haenssler.de

Soweit nicht anders angegeben, sind die Bibelverse folgender
Ausgabe entnommen:
Neues Leben. Die Bibel, © der deutschen Ausgabe 2002 und 2006
SCM R.Brockhaus in der SCM Verlagsgruppe GmbH Witten/Holzgerlingen.
Weiter wurden verwendet:
Lutherbibel, revidierter Text 1984, durchgesehene Ausgabe in neuer
Rechtschreibung, © 1999 Deutsche Bibelgesellschaft, Stuttgart (LUT).
Elberfelder Bibel 2006, © 2006 by SCM R.Brockhaus in der
SCM Verlagsgruppe GmbH Witten/Holzgerlingen (ELB).
Gute Nachricht Bibel, revidierte Fassung, durchgesehene Ausgabe in neuer
Rechtschreibung, © 2000 Deutsche Bibelgesellschaft, Stuttgart (GNB).

Lektorat: Matthias Dittmann, www.matthiasdittmann.de
Umschlaggestaltung: Stephan Schulze, Stuttgart
Titelbild: Unsplash
Autorenfoto: © Nela Dorner, Fotostudio Dorner
Innengestaltung: Erik Pabst, www.erikpabst.de
Druck und Bindung: Finidr s.r.o.
Gedruckt in Tschechien
ISBN 978-3-7751-5970-8

# INHALT

# EIN GUTER TROPFEN

*Wein gesucht und Gott gefunden*

Was ist eigentlich ein guter Wein? Bei dieser Frage fällt mir der Kabarettist Gerhard Polt ein. Ich sehe ihn wieder vor mir in einer Folge einer satirischen Serie der 80er und muss schmunzeln. Während er sich am häuslichen Küchentisch aus einer Zweiliterflasche Billigwein einschenkt und übertrieben schlürft, philosophiert er über den wunderbaren Tropfen.[1] Er stellt überspitzt das deutsche Kleinbürgertum an den Pranger, welches sich auch den schlechtesten Wein noch schönredet. Da wäre es doch ehrlicher, ab und an einfach ein Glas Wein zu trinken, ohne sich groß Gedanken dazu zu machen oder gar ins Schwärmen zu kommen. Ich finde diese Art Genuss vollkommen in Ordnung. Es gibt aber andere, die wollen mehr. Sie schwenken das Glas, hängen ihre Nase in den Wein und genießen jeden einzelnen Schluck. Das kann so weit gehen, dass man anfängt, sich für die Weinbauregionen und die Winzer zu interessieren.

Ich bin mir sicher, Sie sind ein neugieriger und genussbegeisterter Mensch. Sonst hätten Sie sich nicht dieses Buch gekauft. Sicher könnten Sie mir davon erzählen, wie Ihr Interesse für Wein geweckt wurde, wie Sie im Laufe der Zeit immer größeren Gefallen daran gefunden haben, neue Weine und Geschmacksbilder zu entdecken. Und irgendwie hat Sie der Gedanke nicht losgelassen, dass der unglaublich spannende Wein, den Sie vor sich im Glas hatten, etwas mit Gott zu tun hat.

Sehen Sie, da haben wir etwas gemeinsam. Durch das Probieren neuer Weinstile und das Trainieren der Sinne kam ich auf den »Geschmack für guten Wein«. Ich besuchte Weinseminare, durchstöberte die Buchläden nach Weinbüchern und im Keller sammelten sich immer mehr Flaschen an, die ich wie Schätze hütete. Durch mein Theologiestudium wurde ich zudem neugierig, was die Bibel zum Thema Wein zu sagen hat. Ich entdeckte eine mir bislang verborgen gebliebene Seite an Gott, die mich mehr und mehr in ihren Bann zog.

Stellen Sie sich vor, es gibt in der Bibel mehr als 300 direkte Bezüge zum Thema Wein und bei den indirekten Nennungen sind es mehr als doppelt so viele. Jetzt sind Sie neugierig geworden, oder? Wenn die Bibel so oft über Wein spricht, muss doch ein tieferer Sinn dahinter zu finden sein. Unweigerlich kommt man zu der Frage, was die Kernaussage der Bibel zum Thema Wein ist. Ich will Ihnen meine Antwort nicht schuldig bleiben:

Der Wein ist eine Liebeserklärung Gottes an die Menschen. Er ist eines seiner wunderbarsten Geschenke an uns. Im Wein kommt Gottes ganze Schönheit und schöpferische Kreativität zum Ausdruck. Sie merken, ich beginne zu schwärmen. Das Thema hat mich gepackt. Ich beschäftige mich schon lange damit und ich habe festgestellt: es ist so facettenreich wie Gott selbst.

Deshalb lade ich Sie herzlich ein, mich zu begleiten auf eine Entdeckungsreise zum Wein. Wir werden Winzer bei ihrer Arbeit begleiten. Aus der Praxis eines Sommeliers lernen. Und Sie interessieren sich sicher auch für Bibelstellen zum Thema Wein. Hierbei kann ich Ihnen als Theologe und Pastor behilflich sein. Ich werde Ihnen die biblischen Aspekte näherbringen und meine Erfahrung als Sommelier und Weingenießer weitergeben.

Das Beste daran: Sie werden kein neutraler Betrachter bleiben. Nein, wenn Sie sich auf diese Reise einlassen, werden Sie Ihren Weingenuss auf ein neues Level heben und auf Schritt und Tritt Gott begegnen. Diese Begegnung wird Sie einerseits in Ihrer Gottesbeziehung hinterfragen, aber zugleich ungemein bereichern. Ich wünsche Ihnen dieselben wunderbaren, tief-beglückenden Momente, wie ich sie selbst auf meiner Reise erlebt habe.

Ich habe die Themen so geordnet, dass Sie zunächst einen Einblick bekommen, wie ein Weinberg von Profis angelegt wird und was dabei alles zu berücksichtigen ist. Sie werden den Rebstock, seine Kultivierung im Weinberg und die fachgerechte Verarbeitung der Früchte Schritt für Schritt mitbeobachten können. Haben wir am Ende dieses Prozesses endlich einen herrlichen Wein, dann brauchen Sie unbedingt einen Korkenzieher und gute Gläser. Die Weinutensilien erläutere ich ausführlich, damit Sie die richtige Auswahl für sich treffen können.

Ist der Wein im Glas, ist es an der Zeit, sich der Farbe, dem Geruch und dem Geschmack des Weines zu widmen. Erst das Zusammenspiel dieser drei Komponenten gibt Aufschluss über seine Geschichte und erschließt seine wahren Qualitäten. Ich werde Ihre Sinne schärfen, damit Sie selbst herausfinden können, was einen hochwertigen von einem minderwertigen Wein unterscheidet und einen fehlerhaften von einem sauberen.

Auf der Zielgeraden serviere ich Ihnen Anregungen für gelungene Kombinationen von Wein und Speisen. Am Höhepunkt des Abends stelle ich Ihnen einige nette Tischgenossen vor.

Wie Sie bald feststellen werden, haben Sie kein reines Fachbuch über Wein und Weingenuss vor sich. In jedem Kapitel werden Sie auch dem Autor begegnen. Ich erzähle Ihnen etwas aus meiner persönlichen Weingeschichte. Ich zeige Ihnen außerdem einige Bibelstellen, die mir wichtig geworden sind und die zum Kapitel passen. Denn auch die Bibel hat so manches zum Thema Wein zu sagen.

# DER WEINBERG

## Zurück zum Ursprung

*Ohne zu verstehen, wo der Wein herkommt und wie viel Arbeit darin steckt, wird man ihn nie wirklich zu schätzen wissen.*

Wie schön ist es, den Blick durch Weinberge schweifen zu lassen. Die Rebzeilen fügen sich harmonisch in die Landschaft ein. Da bekomme ich Lust, länger zu verweilen oder sogar wieder einmal bei der Weinlese dabei zu sein. Es ist ein unvergleichliches Erlebnis, erst ordentlich im Wengert[2] zu schwitzen und im darauffolgenden Jahr das Ergebnis der Arbeit zusammen mit dem Winzer probieren zu dürfen.

Ich denke noch gerne an einen Sommerurlaub in Sommerach zurück. Das kleine, idyllisch von Weinbergen umgebene Weinörtchen an der Mainschleife taucht vor meinem geistigen Auge auf. Ich sehe mich mit dem Verkaufsleiter der örtlichen Winzergenossenschaft den Weinberg hinauflaufen. Oben

an der Kuppe angekommen, lassen wir uns auf einer Bank im Schatten eines Baumes nieder und genießen den Ausblick. Unter uns das Rebenmeer. Der Main am Fuße der Weinberge fließt ruhig dahin. Der Morgen ist noch jung, aber die Sonne wärmt schon kräftig. Der Verkaufsleiter packt lächelnd drei Weinflaschen und passende Gläser aus seiner Tasche. Er schenkt ein, wir probieren und unterhalten uns angeregt über Rebsorten und die faszinierend unterschiedliche Stilistik der Weine. Vom Ort her klingen die Kirchenglocken herauf. Wir bestaunen eine ganze Weile schweigend die morgendliche Silhouette von Sommerach. Was für eine Postkartenidylle. Der Wein in meinem Glas passt ausgezeichnet dazu.

Als wir später wieder den Weg zurück in den Ort laufen, kommt uns eine ganze Kolonne Traktoren entgegen. Auf den Anhängern türmen sich pralle Trauben. Das ist ungewöhnlich früh am Morgen und ungewöhnlich früh im Jahr. Doch die Trauben sind in diesem Jahr früher reif als sonst und die

*Weinberge umgeben ein kleines Örtchen – was für eine Idylle. Der Wein in meinem Glas passt ausgezeichnet dazu.*

morgendliche Kühle bei der Lese tut den Früchten gut. Angekommen bei der Halle zur Traubenannahme herrscht überall geschäftige Betriebsamkeit. Die Trauben dürfen nicht zu lange in den Anhängern liegen, sonst beginnt dort bereits die Gärung. Sie müssen möglichst rasch sortiert werden und in die Presse wandern.

Was für ein Kontrast! Nach dem stillen Genuss im Weinberg zurückgekehrt in den Hof der Winzergenossenschaft, wird mir sehr deutlich vor Augen geführt, wie viel Arbeit eigentlich in einem köstlichen Tropfen Wein steckt.

## QUALITÄT ZUM SCHNÄPPCHENPREIS?

Mit alltäglichen Verkaufssituationen in Discountern passt das kaum zusammen. Dort reihen sich Flaschen für knapp zwei Euro scheinbar unbegrenzt aneinander. Sinn für das Produkt oder die Arbeit dahinter scheint niemand zu haben.

### WEINKONSUM

- Pro Kopf Weinkonsum in Deutschland 2018: 20,5 Liter[3]
- Durchschnittspreis, den der Kunde für einen Liter Wein im Lebensmittelhandel ausgibt: 3,09 Euro pro Liter[4]
- Durchschnittspreis, den ein Winzer pro Liter einnehmen müsste, um rentabel zu arbeiten: Basis etwa 6 Euro, Premium etwa 9 Euro, Superpremium etwa 17 Euro[5]

Ohne Wissen über die Arbeit im Weinberg und nötige Maßnahmen zur Qualitätsförderung werden sich viele Zeitgenossen weiter damit brüsten, wie

# Am Wein wird deutlich, wie wichtig es ist, dass wir uns an Werten orientieren.

günstig sie diesen oder jenen angeblich hervorragenden Tropfen erstanden haben. Die Preise, die ein Winzer pro Flasche verlangen muss, um rentabel arbeiten zu können, sind ihnen schlicht nicht bekannt. Und so denken sie, Qualität zum Schnäppchenpreis erstanden zu haben. Dabei ist das ein Widerspruch in sich, aber auch Spiegelbild unserer Zeit. Wir wollen etwas Gutes, aber es soll möglichst wenig kosten. Das färbt auf unsere Lebenseinstellung ab. Wir wollen alles jederzeit verfügbar und dafür einen möglichst geringen Preis zahlen. Vieles bleibt dabei auf der Strecke – selbst Menschen.

Ich selbst mache immer wieder die Erfahrung, dass ich dazu angeregt werde, über meine Werte und mein Konsumverhalten nachzudenken, wenn ich ein gutes Glas Wein genieße und über seine herrlichen Aromen nachdenke. Es ist erstaunlich, aber die Beschäftigung mit

Wein kann tatsächlich einen Gesinnungswandel anstoßen. So erlebe ich es auch bei meiner Arbeit als Sommelier. Kunden, die ich in der Beratung dazu führen konnte, sich statt für einen günstigen, industriell gefertigten Wein für ein hochwertiges, handgemachtes Produkt zu entscheiden, verändern zunehmend ihr Kaufverhalten auch in anderen Bereichen. Offensichtlich zieht das eine das andere nach sich. Die Entwicklung sehe ich die nächsten Male im Einkaufskorb der Kunden buchstäblich vor mir. Ich freue mich jedes Mal darüber und habe damit gleich einen Anknüpfungspunkt zum Gespräch.

Am Beispiel des Weines wird deutlich, wie wichtig es ist, dass wir uns an Werten orientieren. Indem wir uns darauf besinnen, woher der Wein kommt und wie viel Arbeit dahintersteckt, werden wir den Tropfen im Glas wieder mehr schätzen lernen.

Mal ehrlich, kennen Sie die genauen Arbeitsschritte, die nötig sind, bis der Wein in unseren Gläsern landet? Nein? Dann habe ich hier für Sie exklusiv aus dem Neuen Testament eine knappe und zugleich sehr präzise Beschreibung zumindest mal davon, wie ein Weinberg angelegt wird. Sie werden gleich merken – das ist eine unglaublich mühevolle Arbeit, die viel Erfahrung voraussetzt. Dabei ist die Anlage des Weinbergs ja nur der erste Schritt ...

> *Dann fing Jesus an, ihnen Gleichnisse zu erzählen: »Ein Mann legte einen Weinberg an, baute eine Mauer darum, hob eine Grube aus, um den Wein darin zu keltern, und baute einen Wachturm. Dann verpachtete er den Weinberg an Bauern und zog in ein anderes Land.*

*Markus 12,1*

Jesus spricht hier vier wichtige Bestandteile eines Weinbergs an: den Berg an sich, die Mauer drumherum, eine Grube, beziehungsweise die Weinkelter, und einen Wachturm. Lassen Sie uns diese vier Bestandteile etwas genauer ansehen.

# DER BERG

Um Weinbau betreiben zu können, braucht es einen geeigneten Standort. Will ein Winzer später hochwertige Weine erzeugen, entscheidet er sich häufig für eine Hanglage. Begleiten Sie mich doch auf eine fiktive Weinbergserkundung: Hier geht's hinauf.

Oben angekommen, müssen wir erst einmal verschnaufen. Der Geologe wartet schon ungeduldig auf uns und fuchtelt wild mit einer Bodenprobe herum. Er scheint begeistert zu sein. »Schaut euch dieses Leben an – wunderbar! Oben Gestein, aber darunter wimmelt es von Kleinstlebewesen, die das Erdreich lockern und für organischen Dünger sorgen. Riecht mal!« Er hält uns die Bodenprobe unter die Nase. Es duftet nach nassem Stein, Mineralität und warmer erdiger Würze. Wer hätte gedacht, dass man als Winzer seine Nase auch in den Boden stecken muss?

Nach dieser sehr eindrücklichen Erfahrung schauen wir uns auf etwas höherer Ebene um. Bildreich erklärt uns der Geologe, dass die Hanglage vor uns die optimale Ausrichtung hat, damit die späteren Weinstöcke genügend Sonneneinstrahlung und Wärme abbekommen. Tatsächlich rinnt uns der Schweiß herunter – und das liegt nicht nur am steilen Aufstieg. Die Sonne entwickelt hier eine enorme Kraft. Der Geologe erzählt, dass es bereits sehr früh im Jahr Temperaturen bis an die 50 Grad haben kann. Er drückt uns einen Stein in die Hand. Autsch, der ist ja richtig heiß! Ja, dieses Gestein ist zusätzlich ein wunderbarer Wärmespeicher für kühlere Nächte. Dann lenkt er unsere Aufmerksamkeit auf den Fluss am Fuße der Hanglage. Auch er ist für ein gutes Weinklima mitverantwortlich, denn tagsüber kühlt er den Weinberg und nachts gibt er die Wärme des Tages wieder an ihn ab.

*Wer hätte gedacht, dass man als Winzer seine Nase auch in den Boden stecken muss?*

## BÖDEN UND AUSRICHTUNG

Weinberge sind zumeist nach Süden, Süd-Westen oder Westen ausgerichtet, damit sie die Sonneneinstrahlung optimal ausnutzen können.

Anders als im Ackerbau gedeiht Wein am besten auf kargen Böden. So muss sich die Rebe bis zu 15 Meter in die Tiefe graben, um an Nährstoffe und Mineralien heranzukommen. Auf fetten, fruchtbaren Böden würde der Weinstock viel Blattwerk hervorbringen, aber wenig Trauben. Auf kargen Böden mit hohem Gesteinsanteil nimmt die Traubenqualität zu. Zudem speichert steiniger Untergrund die Wärme des Tages besser ab und sorgt für ein optimales Mikroklima im Weinberg.

»Apropos Klima«, sagt der Fachmann. »Für optimalen Weinanbau ist auch das Wissen um Kleinklima[6] bedeutungsvoll.« Er drückt uns ein Fernglas in die Hand. »Seht euch mal da drüben die Vegetation an! Und jetzt vergleicht das mit den Pflanzen hier, wo wir stehen.« Tatsächlich, unglaublich! Während ein paar Hundert Meter weiter die Blätter noch klein und hell sind, sind die unsrigen schon viel größer und haben ein satteres Grün. Er zeigt uns auf seinem Handy eine Luftaufnahme. Von oben kann man den unterschiedlichen Entwicklungsstand der Vegetation auf einem Stück Land ganz deutlich erkennen. Der Geologe erklärt, dass sich jeder Meter Boden anders entwickeln kann. Der Untergrund, der Wind, der um Unebenheiten herum weht, die Sonneneinstrahlung und die Bodenhöhe sorgen für kleinste klimatische Unterschiede. Und die wiederum beeinflussen die Vegetation.

Ist der geeignete Grund ausgewählt und vermessen, beginnt der schweißtreibende Teil der Arbeit: Die gesamte Fläche muss von Steinen, Gestrüpp, wuchernden Brombeerranken, Sträuchern und Gräsern befreit werden.

## *Wissensbox*

# GESTEINSARTEN UND DIE AROMATIK IM WEIN

Je nachdem, welche Gesteinsart im Weinberg vorherrscht, entwickelt der Wein seine ganz eigene Aromatik. Winzer sagen: »Man kann den Weinberg riechen und schmecken«, weil der Weinstock die gelösten Mineralstoffe über die Wurzeln aufnimmt. Manche behaupten zwar, dies sei ein Märchen, weil unter jeder Gesteinsformation sandig-lehmige Tiefböden zu finden sind. Dennoch halten viele Winzer dagegen, weil bei Weinen sensorisch bestimmte Eigenschaften erkennbar sind, die überall, wo Weinbau unter ähnlichen Voraussetzungen stattfindet, wiederzufinden sind. So hat Wein, der auf kalkhaltigen Böden gewachsen ist, in der Regel mineralische Noten und eine eher feine dezente Frucht. Dies schmeckt man beispielsweise beim Spätburgunder (auch Pinot Noir genannt) aus dem französischen Burgund ebenso heraus wie bei seinem Pendant aus Franken. Ich habe noch weitere Beispiele:

- Schiefer: traubige Noten, Pfirsich, Apfel, feine Säure, oft leichtere Weine. Idealer Boden für Riesling zum Beispiel an der Mosel oder der Saar.
- Kalkgestein: säurebetont, mineralisch-salzig, oft dezente Fruchtnoten. Idealer Boden für Burgunderrebsorten wie Chardonnay, Weißburgunder oder Spätburgunder.
- Kiesel/Quarzgestein: kraftvolle Weine, dunkle Fruchtnoten. Idealer Boden für Cabernet Sauvignon zum Beispiel in Bordeaux auf der linken Uferseite der Gironde.
- Basalt-Vulkangestein: ergibt ausdrucksstarke Weine mit deutlicher Säure. Hervorragend für Riesling geeignet, wie zum Beispiel die besten Lagen in der Pfalz beweisen.
- Sandige Böden: fruchtige, weniger säurebetonte Weine. Bestens geeignet für aromatische Rebsorten wie Traminer oder Scheurebe zum Beispiel aus der Region Seewinkel am Neusiedler See in Österreich.

# DIE MAUER

Erst nach dieser wichtigen Vorbereitung kann der Weinberg durch eine Mauer, wie im Gleichnis von Jesus, oder, wie heute weitaus häufiger, durch Markierungen an den Rebzeilen von den Nachbarn abgegrenzt werden. Diese Rebzeilen müssen aber erst einmal entstehen. Sie werden exakt vermessen, dann werden dünne Pflanzpfählchen in exakt gleichem Abstand gesetzt.

Unser freundlicher Begleiter übergibt den Stab an einen erfahrenen Winzer. Der zeigt uns die Setzlinge[7], welche in mit Wasser gefüllten Eimern schon auf uns warten. Wir dürfen sie jeweils an den Pflanzpfählchen setzen und angießen. Ist die Arbeit getan, werden wir in eine alte Winzertradition eingeführt. Eine gute Flasche von der gleichen Rebsorte wie diejenige, die gepflanzt wurde, wird ebenfalls zum Angießen verwendet. Damit wird der Wunsch zum Ausdruck gebracht, dass der Wein später gut anwächst, gedeiht und gute Frucht bringt.

Während wir uns schon auf den Rückweg machen, beginnen die Mitarbeiter des Winzers bereits den Drahtrahmen für die Reben im Boden zu verankern. Er dient später als Rankhilfe und Stütze.

Wir fragen den Winzer: »Wie lange muss man denn jetzt warten, bis man endlich den guten Wein in der Flasche hat?« Die Stimme unseres Fachmanns wird ernst: »Bis der erste nennenswerte Weinertrag eingebracht werden kann, gehen drei Jahre ins Land! Und am Anfang ist die Güte der Trauben noch nicht so hoch wie bei älteren Rebstöcken. Im Laufe der ersten Jahre gräbt sich der Weinstock mit seinen Wurzeln tief in den Boden, um an die wichtigen Nährstoffe und das Tiefenwasser zu gelangen. Auf diese Weise konzentrieren sich die Aromen in den Trauben. Der daraus gekelterte Wein wird gehaltvoller und zeigt immer mehr Charakter. Wir Winzer sagen, im Wein ist dann der Boden schmeckbar, auf dem er gewachsen ist.« Beim letz-

*Im Wein ist der Boden schmeckbar, in dem er gewachsen ist.*

ten Satz hellt sich seine Miene wieder auf. Man spürt ihm ab, nicht nur wie viel Arbeit er bis dahin getan hat, sondern auch, welche Risiken er eingehen und überstehen musste, bis die Reben richtig Ertrag bringen. Am Ende der Mühe aber steht der wunderbare Wein, der den Weinberg und die ganze Arbeit widerspiegelt.

## DIE KELTER UND DER TURM

Unser Blick wendet sich suchend in den Weinberg. »Wo wird denn eigentlich der Wein gemacht?« Hier zwischen den Reben sicher nicht. Der Grundstock ist zwar gelegt, wenn der Weinberg bepflanzt ist, aber es fehlt ein geeignetes Gebäude zum Keltern. Wir nehmen im Geländewagen des Winzers Platz und fahren den schmalen Weg entlang. Er erzählt uns: »Früher hat man die Weinpresse einfach am Fuße des Weinbergs aufgebaut. Und zwar in den Hang hinein. So konnte der Saft in Auffangbecken fließen und dann in Gefäßen abtransportiert werden. Aus heutiger Sicht ist das Verschwendung. Den wertvollen Boden nutzt man lieber zum Anbau. Stattdessen wird das Gebäude in der Ebene gebaut. Dort, wo der Boden weniger wertvoll ist.«

Während wir noch über die Worte des Winzers nachdenken, sind wir angekommen und halten vor einem Gebäudekomplex. Wir steigen bei einer Halle aus, vor der mehrere Gerätschaften und ein sehr klein wirkender Traktor[8] stehen. Das Hallentor wird geöffnet. Nicht ohne Stolz zeigt uns der Wengeter[9] den Ort, wo die Trauben sortiert werden und in die Presse wandern. Er erzählt uns von den einzelnen Schritten und Abläufen. »Aber Leute, das hört sich einfacher an, als es in Wirklichkeit ist. Es muss so durchdacht geplant und gebaut werden, dass die Trauben möglichst wenig mechanisch belastet werden, bevor sie in die Presse wandern.« Denn auch dieser Aspekt ist für den späteren Wein qualitätsentscheidend. Und natürlich muss genügend Platz für die Presse, die Fässer, die Stahltanks und das Flaschenlager sein. Wer selbst ab-

füllen möchte, braucht auch darüber hinaus noch eine Abfüllanlage. Plötzlich taucht die Frage nach dem Turm auf, der im Gleichnis von Jesus erwähnt wird. Der Weinfachmann erklärt uns, dass dort in früheren Zeiten Mitarbeiter wohnten, die den Weinberg bewachten. Heute findet man eher eine abgespeckte Version, das Weinbergshäuschen. Nur noch selten muss ein Weinberg bewacht werden. Allenfalls davor, dass Vögel oder Wild sich nicht an den Trauben gütlich tun. Hauptsächlich wird das Häuschen dafür genutzt, um Gerätschaften für die Weinbergsarbeit zu lagern, und es wird auch so manches Fest in dieser idyllischen Lage mitten in den Weinbergen gefeiert.

Der Winzer begleitet uns zurück auf den Hof und verabschiedet sich von uns.

# VERGLEICHSBILDER FÜR UNSER LEBEN

Wenn man diesen ganzen Arbeitsprozess noch einmal Revue passieren lässt, erscheint das Gleichnis von Jesus in einem ganz neuen Licht. Der Mann, der den Weinberg anlegt, steht für Gott. Es wird deutlich, welch eine Mühe er sich mit seinem Weinberg, sprich mit den Menschen macht. Und was ist mit uns Menschen, seinem guten Werk? Was machen wir aus uns und mit unseren Mitmenschen, die ja ebenfalls Schöpfung Gottes sind? Die anschaulichen Bilder aus der Arbeit am Weinberg können uns dabei helfen, auf dem richtigen Kurs im Leben zu bleiben. Gehen wir sie noch einmal einzeln durch.

*Geerdet zu sein, bringt die Sehnsucht und das Bedürfnis mit sich, den Dingen auf den Grund zu gehen.*

## Es tut gut, geerdet zu sein

Erinnern wir uns: Angefangen hat alles mit der Auswahl des richtigen Bodens. Wie oft wird abgehoben über die Prioritäten im Leben philosophiert. Jeder schwingt sich zum Fachmann auf, was man tun müsse oder besser lassen solle. Aber Vorsicht, so weit oben wird die Luft schnell dünn! Da tut es gut, wenn uns jemand von Zeit zu Zeit auf den Boden der Tatsachen zurückholt. Es bewahrt uns vor Hochmut, der bekanntlich vor dem Fall kommt.

Ich muss zurückdenken an viele Diskussionen in der kirchlichen Gemeindearbeit. Wie oft haben wir über Themen oder Menschen geredet und dabei die Bodenhaftung verloren. Viel zu schnell waren wir manchmal mit unserer Beurteilung der Lage. Daran änderte das am Beginn der Versammlung gesprochene Gebet nur wenig. Nicht weil es schlecht gewesen wäre. Es lag wohl mehr daran, dass wir den Schöpfer und die Liebe zu seiner Schöpfung in hitzigen Debatten völlig ausgeblendet hatten. Innehalten, auf den Boden knien, also uns neu erden lassen, das hätte notgetan und unseren Blickwinkel verändert.

Jesus ging nach der Beschreibung vom mühevollen Anlegen eines Weinbergs noch einen Schritt weiter. Er hielt seinen Zuhörern den Spiegel vor. Sie und viele Generationen vor ihnen nahmen Gottes Werk in Besitz, wollten dafür aber nichts investieren, geschweige denn von den Früchten etwas abgeben. Ihr Egoismus überschritt alle Grenzen, er ließ sie sogar über Leichen gehen. Sie hatten vergessen, wem sie ihren Besitz und ihren Erfolg zu verdanken hatten, und dabei jegliche Bodenhaftung verloren.

Geerdet zu sein, bringt die Sehnsucht und das Bedürfnis mit sich, den Dingen auf den Grund zu gehen. Zum Beispiel ein tieferes Verständnis von Gottes Reden in der Bibel finden zu wollen, und auch das verborgene Dunkel in unserer Seele ans Licht zu bringen. Wer sich darauf einlässt, bei dem wächst die Fähigkeit, bei seinen Mitmenschen genauer hinzusehen. Und man lernt ganz nebenbei, Gott, den Mitmenschen und letztlich sich selbst besser kennen.

## Ohne Fleiß kein Preis

Als Nächstes kam der schweißtreibende Teil der Arbeit dran. Die Vorbereitung des Bodens. Das Setzen der kleinen Weinpflanzen. Dann folgte das Aufstellen des Drahtrahmens. Wir haben gelernt, wie viel Arbeit allein mit dem Anlegen eines Weinbergs verbunden ist. Dieses Wissen schafft Respekt vor dem Winzer und dem Wein. Was könnte uns besser lehren, wie wichtig auch der Respekt vor der Schöpfung und dem Leben ist. Das sind wunderbare Geschenke Gottes und können daher keine Schnäppchenangebote sein. Wir bekommen sie nicht billig hinterhergeschleudert.

Wenn ich mich selten oder gar nicht mit Gott beschäftige, wenn ich das, was Gott wichtig ist, nur aus Sekundärliteratur oder vom Hörensagen kenne, dann kann ich nicht verstehen und schätzen, wie wertvoll

*Glaube in der Tiefe zu entdecken, erfordert, sich voll reinzuknien!*

unser Leben aus Gottes Sicht ist. Das ist Glaube aus zweiter Hand. Glaube in der Tiefe zu entdecken, erfordert, sich voll reinzuknien! Genau wie die Herstellung hochwertigen Weins.

## Kelter und Turm

Denken wir zurück an den Bau der Kelter und des Turms im Weinberg. Wenn die wertvollen Trauben nicht beschützt werden, hat man später nichts zu lesen. Und wenn vergessen wurde, eine Kelter zu bauen, kann man keinen Wein machen. Jesus sagt, Gott hat an all das gedacht und damit beste Voraussetzungen dafür geschaffen, dass gute Früchte wachsen können, die später wunderbaren Wein ergeben. In diesem bildlichen Vergleich sind wir Menschen die Weinstöcke in einem bestens vorbereiteten Weinberg. Die Früchte, die an diesen Weinstöcken wachsen, sind nicht nur dafür bestimmt, uns selbst zu erfreuen. Sie dienen auch dem guten Zusammenleben mit Gott und anderen Menschen.

Im Neuen Testament ist an einigen Stellen von den Früchten unseres Lebens die Rede. Zum Beispiel im Galaterbrief:

> *Wenn dagegen der Heilige Geist unser Leben beherrscht,*
> *wird er ganz andere Frucht in uns wachsen lassen: Liebe, Freude,*
> *Frieden, Geduld, Freundlichkeit, Güte, Treue, Sanftmut und*
> *Selbstbeherrschung.*
>
> Galater 5,22-23

Hier ist nirgends von Zugewinn an Macht, Gesundheit, Wohlstand oder Besitz die Rede. Vielmehr von Eigenschaften, die allesamt dem Wesen Gottes entsprechen. Diese Eigenschaften werden durch die Zeiten des Zusammenseins mit Gott tief in unserem Leben verankert. Aber erst im Zusammenspiel mit einem menschlichen Gegenüber werden sie sichtbar, und wir dürfen sie voll und ganz auskosten.

Jetzt, wo ich diese Worte schreibe, frage ich mich, wo diese Früchte oder Eigenschaften Gottes in meinem Leben vorhanden sind. Da stelle ich deutliche Defizite fest, weil ich mich oft gar nicht für Gott interessiere und mich mein Alltag voll in Beschlag nimmt. »An ihren Früchten sollt ihr sie erkennen« (Matthäus 7,20), kommt mir schmerzlich in den Sinn, denn in manchen Situationen bin ich nicht wirklich als Christ zu erkennen.

## EIN BEGEGNUNGSORT

Daran möchte ich etwas ändern. Weil ich weiß, dass mir Zeit mit Gott guttut, möchte ich mich wieder neu auf ihn einlassen. Die Begegnungsmöglichkeit kann ich selbst schaffen, indem ich mich zurückziehe, zur Ruhe komme, die Gedanken fokussiere. In dieser Stille hat Gott mich schon oft mit seinem unmittelbaren Reden überrascht und mich neu inspiriert. Für diese besonderen Zeiten brauche ich eine konkrete Starthilfe. Für mein nächstes Treffen mit Gott wird es das Gleichnis vom Anlegen eines Weinbergs sein.

Ich nehme mir ein gutes Glas Wein mit und suche mir fernab des Alltagslärms ein stilles Plätzchen. Dort schnaufe ich erst einmal tief durch und lasse den Blick über die Schönheit der Natur vor mir schweifen. Ich nehme mein Glas in die Hand und rieche hinein. Beim Genießen nehme ich viele Geschmacks- und Geruchseindrücke wahr. Die Gedanken beginnen zu fließen. Wie war das noch? Die Produktion des Weines beginnt mit der sorgfältigen Auswahl des geeigneten Bodens. Ich sehe den Winzer und seine Arbeiter vor meinem inneren Auge. Verschwitzte und dreckige Hemden, aber glückliche Gesichter nach harter Arbeit.

*In diesem Moment stelle ich mir vor, Gott sitzt neben mir. Er fängt an zu erzählen von seinem Weinberg, den er gepflanzt hat.*

Ich probiere einen Schluck von dem guten Tropfen, den ich mit in die Stille genommen habe. Im Geruch und im Geschmack finde ich deutliche mineralische Noten, die ihren Ursprung wohl im Boden des Weinbergs haben. Ich nehme eine feine Fruchtnote wahr, die mich an reife Birnen erinnert.

In diesem Moment stelle ich mir vor, Gott sitzt neben mir. Er fängt an zu erzählen von seinem Weinberg, den er gepflanzt hat. Seine Augen strahlen vor Liebe und Begeisterung. Gottes Leidenschaft fokussiert sich aber nicht auf die Produktion von gutem Wein. Er deutet auf mich. Ich höre ihn sagen: »Du bist das Ziel meiner Bemühungen! Ich wünsche mir nichts sehnlicher, als dass dein Leben gehaltvoll wird, voller Frucht und mit einem Geschmack, der viele beglückt.« Diese Liebe macht mich sprachlos. sie fordert nichts. Sie sieht so viel Gutes in mir und traut mir so viel zu.

Ich spüre eine Wärme in mir aufsteigen. Sie füllt mich aus. Etwas beginnt zu wachsen an und in mir. Es ist der Glaube, dass sogar einer wie ich mehr Liebe und Leidenschaft entwickeln kann, als ich mir bisher selbst zugetraut habe. Erstaunt stelle ich fest: So fühlt sich das an, wenn man sich auf seinen Schöpfer einlässt.

# DIE WEINREBE

## Wildwuchs verhindert Frucht

*Begrenzung, ja sogar Leiden und Mangel bringen letztendlich
beste Weintrauben hervor. Im Leben ist es oft genauso.
Wer keine Grenzen kennt und maßlos lebt, der wird für seine
Mitmenschen ungenießbar.*

Trauben waren nicht immer die zuckersüßen Früchte, die wir heute kennen. Wer schon mal eine wilde Weinrebe entdeckt und ihre Trauben probiert hat, weiß, wie sauer und kleinwüchsig sie sind. Dazu haben sie mehr Kerne als Fruchtfleisch. Die Weinrebe in ihrem wilden Urzustand nutzt Bäume und Sträucher als Rankhilfe. Ihre eigenen Ruten[10] besitzen zu wenig Stützkraft, um für sich alleine der Sonne entgegenzuwachsen. So klammert sie sich an die Wirtspflanze und windet sich mithilfe fester Äste nach oben und kann so ihre Trauben bilden.

# Die Weinrebe ist ein Über-lebenskünstler.

Es ist schon erstaunlich, dass sich irgendwann Menschen fanden, die daran glaubten, dass dieses wilde »Gestrüpp« durch Zähmung eines Tages wohlschmeckende Früchte hervorbringen kann. Im Alten Testament der Bibel wird an mehreren Stellen berichtet, wie schön es ist, einen Feigenbaum zu besitzen und Weinfrüchte genießen zu dürfen.[11] Die aneinandergereihte Nennung beider Pflanzen rührt daher, dass es zu damaliger Zeit üblich war, Weinstöcke nah am Stamm eines Feigenbaumes zu pflanzen, damit der Wein eine natürliche Stütze bekommt. So konnte man zwei Fliegen mit einer Klappe schlagen und die Früchte beider Pflanzen genießen.

In der Tat ist die Weinrebe ein richtiges Wunder. Sie ist extrem leidensfähig und wird mit vielen Wetterkapriolen erstaunlich gut fertig. »Klimawandel« ist das Unwort unserer Zeit. Wenn wir in der Natur unterwegs sind, entdecken wir überall Folgen davon. Geht man durch Weinberge, finden sich von der Sonne verbrannte Blätter und Trauben, die Flecken haben – ja, auch Trauben können einen Sonnenbrand bekommen! Bei einem Ausflug konnten wir unser Auto nicht am Fuße des Weinbergs parken, weil die oberste Erdschicht durch einen Starkregen den ganzen Hang hinunter abgerutscht war.

Das alles steckt der Wein weg. Er wurzelt bis zu 15 Meter tief und kann dadurch bei anhaltender Trockenheit auf Tiefenwasser zurückgreifen. Bei Starkregen wie in unserem Fall hat er einen guten Stand durch die Wurzeln, selbst wenn die obersten Erdschichten weggeschwemmt werden. Die Winzer können die Erde später wieder in den Weinberg einbringen. Das ist zwar sehr arbeitsintensiv, aber der Wein überlebt.

Das erinnert mich an meine Praktikumszeit bei einem bekannten Winzer in Franken. Natürlich musste und wollte ich bei allen Arbeitseinsätzen dabei sein. Doch was ich an einem Morgen zu sehen bekam, als wir bei einem Weinberg in Stetten bei Würzburg ankamen, schockierte mich zutiefst. Es war das reinste Schlachtfeld! Am ganzen Weinberg war kein Grün mehr zu sehen – nur noch leere Traubenrappen[12] und Ruten am Weinstock! Die Blätter lagen am Boden, überdeckt mit tischtennisballgroßen Hagelkörnern. Ein Totalausfall! Was für eine Katastrophe, auch in wirtschaftlicher Hinsicht. Der Winzer erklärte mir dennoch, es gäbe noch eine zweite Chance. Was er damit meinte, sahen wir in den nächsten Wochen. Das Wunder geschah! Die Reben trieben neu aus und es bildeten sich sogar neue Trauben. Weniger als vorher, aber mit erstaunlich guter Qualität. Ich durfte miterleben, welch ein Überlebenskünstler der Wein ist. Mit dieser Fähigkeit ist er anderen fruchtbildenden Pflanzen gegenüber deutlich im Vorteil.

## GUTER WEIN WIRD »ERZOGEN«

Der Wein kommt allerdings erst zur richtigen Entfaltung, wenn er in seinem ausgeprägten Hang zum Wuchs eingebremst wird. Tage vor der Hagelkatastrophe ging ich in Begleitung des Winzers und seines Betriebsleiters durch den Würzburger Stein – eine der bekanntesten und besten Weinbergslagen Frankens und Deutschlands. Ich sah mir die Rebzeilen genauer an. Es fiel mir sofort auf, wie ordentlich die einzelnen Rebstöcke aussahen. Gleichmäßig im selben Abstand gesetzt, am Drahtrahmen hochgebunden und im Blattbereich gut ausgedünnt.

Der Winzer erklärte mir: »Dies nennen wir Erziehung. Wir überlassen das Wachstum der Reben nicht einfach sich selbst, sondern entfernen überflüssige Triebe und binden die restlichen in den Drahtrahmen ein. Dann entfernen wir im grünen Zustand schon mal ein paar Trauben, damit der Weinstock seine ganze Kraft in die verbliebenen Trauben steckt. Wir und einige andere Winzer gehen darüber sogar noch hinaus und schneiden im Laufe der Wachstumsperiode sogar noch einzelne Früchte aus den Trauben heraus, damit der verbleibende Teil noch besser reifen kann und sich mehr wertvolle Inhaltsstoffe konzentrieren.«[13]

Ich habe hinterher in meinen schlauen Büchern nachgelesen und verstanden, warum mein Lehrmeister so vorging: Mal angenommen, ein Winzer würde sich dafür entscheiden, den Rebstock nicht mehr zu beschneiden. In der Folge würde sich die Rebe immer mehr ausdehnen und neue Rankmöglichkeiten suchen. Trauben gäbe es zwar in Hülle und Fülle, aber viele würden nicht ausreifen. Das bestätigte, was mir von meinem Winzer noch im Ohr war: »Qualität fängt im Weinberg an. Viele Trauben zu haben, bedeutet nicht, dass die Trauben auch von hoher Qualität sind. Wenn der Weinstock die Nährstoffe auf zu viele Trauben verteilen muss, leidet die Konzentration der Aromen und damit die Güte des späteren Weines.«

Das ist allerdings eine relativ neue Entwicklung, denn: »Noch vor dreißig Jahren hätten sich die meisten Kollegen geweigert, überflüssige Trauben vom Stock zu entfernen«, erzählt der Winzer. Erst als die Kollegen begannen, sich untereinander auszutauschen und voneinander zu lernen, hätten sich bestimmte Techniken verbreitet. »Unsere Ausbildung hat sich ebenfalls verändert. Sie ist offener und internationaler geworden. Angehende Winzer profitierten durch Auslandsaufenthalte von Winzerkollegen aus aller Welt. Ihrem Ehrgeiz und ihrer Liebe zum Wein ist es zu verdanken, dass wir heute ein so hohes Niveau haben wie noch nie zuvor in der langen Geschichte des Weines.«

Ich fragte zurück, ob es denn dann früher nur schlechten Wein gegeben hätte. Mein Würzburger Lehrmeister verneinte: »Selbstverständlich gab es schon immer Kollegen, die Wert auf Qualität legten und selbst in schlechteren Jahrgängen noch einen guten Wein erzeugen konnten. Aber heute wird viel mehr hochwertiger Wein produziert.«

Das liegt nicht nur am Austausch der Winzer untereinander: »Es gelingt uns, wertvolle Traditionen und neueste Erkenntnisse der Wissenschaft zu verbinden. So hilft uns bei der Traubenzüchtung zum Beispiel der Fortschritt in der Genanalyse. Gleichzeitig werden viele längst vergessen geglaubte Techniken und Gerätschaften wiederbelebt. So verwenden wir heute wieder die Korbpresse meines Großvaters, da diese die Trauben schonender presst als jede moderne hydraulische Variante. Uraltes Winzerwissen hat nichts an Bedeutung eingebüßt. Es wird nur neu interpretiert.«

Das leuchtete mir ein. So verhält es sich auch bei der Reberziehung. Wie Wein beschnitten werden muss, ist von Generation zu Generation weitergegeben worden. Sicher, die Reberziehung hat sich weiterentwickelt. Trotzdem hat sie letztlich ihren Ursprung im überlieferten Wissen, wie man dem Weinstock die bestmögliche Qualität abringt.

## DIE BESCHNEIDUNG DER REBEN

Das Beschneiden der Weinreben ist ein ausdrucksstarkes Bild. Selbst ein Laie kann sich etwas darunter vorstellen. Insofern wundert es mich nicht, dass Jesus dieses Bild verwendet hat. Er war kein religiös motivierter Asket – ganz im Gegenteil. Er war Weinkenner und Genießer. Jesus wusste, was man tun muss, um einen guten Wein zu erzeugen, und konnte Qualitätsunterschiede wohl auch herausschmecken.[14] Wein spielte in der Geschichte Israels schon immer eine große Rolle. Er war Alltagsgetränk für Leute aller Schichten.[15] Und in der religiösen Symbolik ist er ein starkes Bild für Lebensglück und Verbundenheit mit Gott.[16]

Weil sich der Weinanbau und das Prinzip des Weinbeschneidens über die Jahrtausende nicht wesentlich verändert haben, klingt die Rede Jesu über den wahren Weinstock heute genauso aktuell, wie die Einführung zu einer Vorlesung an der Hochschule für Weinbau in Geisenheim[17]:

*Ich bin der wahre Weinstock und mein Vater ist der Weingärtner. Er schneidet jede Rebe ab, die keine Frucht bringt, und beschneidet auch die Reben, die bereits Früchte tragen, damit sie noch mehr Frucht bringen. Ihr seid schon durch die Botschaft, die ich euch gegeben habe, beschnitten. Bleibt in mir, und ich werde in euch bleiben. Denn eine Rebe kann keine Frucht tragen, wenn sie vom Weinstock abgetrennt wird, und auch ihr könnt nicht, wenn ihr von mir getrennt seid, Frucht hervorbringen. Ich bin der Weinstock; ihr seid die Reben. Wer in mir bleibt und ich in ihm, wird viel Frucht bringen. Denn getrennt von mir könnt ihr nichts tun. Wer nicht in mir bleibt, wird fortgeworfen wie eine nutzlose Rebe und verdorrt. Solche Reben werden auf einen Haufen geworfen und verbrannt.*

Johannes 15,1-6

**Wein spielte in der Geschichte Israels schon immer eine große Rolle.**

Blendet man zunächst aus, wie Jesus die Reberziehung deutet, dann bekommt der Hörer eine Vorstellung davon, wie man mit einem Weinstock umzugehen hat: Er darf nicht wild wuchern. Weinstock und Reben brauchen die volle Aufmerksamkeit des Winzers. Dabei kommt der Vorgang des Reinigens und Beschneidens ins Spiel. Sorgsam achtet der Winzer darauf, welche Triebe keine Fruchtansätze[18] haben. Diese schneidet er zurück oder entfernt sie ganz. Die verbleibenden Triebe werden nun aber nicht

sich selbst überlassen, sondern im oberen Bereich beschnitten. »Gipfeln«[19] nennt sich das in der Winzerfachsprache. Blattwerk, welches die Sonneneinstrahlung verhindert, wird entfernt. Trägt der Weinstock zu viele Trauben, werden die überschüssigen herausgeschnitten.

Hört man allein diese weinfachliche Seite, klingt das alles interessant. Man kann sich bequem zurücklehnen und zuhören. Doch da passiert etwas.

Vor meinem inneren Auge entsteht das Bild eines Winzers. Er steht mitten in einem idyllisch gelegenen Weinberg. Unten schlängelt sich ein Flusslauf. Der junge Tag wird langsam immer wärmer. Die Sonne glitzert auf den mit Tau benetzten Blättern. Freundlich redet der Winzer mit seinem Weinstock und freut sich auf die bevorstehende Lese. Plötzlich ein Rufen. Ah, da. Seine Frau bringt schon die Brotzeit.

Aber nein. Das war nicht seine Frau. Eine andere Stimme mischt sich in die gemütliche Atmosphäre. Sie wird lauter. Es ist Jesus. Er nimmt einen Pin-

sel und übermalt das traute Winzerbild. Ein neues Bild entsteht. Es spricht die Zuhörer auf ihr Verhältnis zu Gott an. Die Stimme sagt: »Eigentlich geht es mir darum, wie du zu Gott stehst. Ich bin die Verbindung zwischen Gott und dir. Deshalb hör genau hin. Du bist einer der Triebe an mir! Von daher ist es mir nicht egal, was aus dir wird. Ich nehme mir die Zeit, dir zu erklären, warum mein Vater hier etwas beschneidet und dort etwas wachsen lässt. Sein ganzes Bemühen um dich dient letztlich dazu, dass dein Leben an Qualität gewinnt und gute Frucht bringt.«

Auf einmal sehe ich mich selbst. Ich hänge an einem Weinstock. So wie ich das einschätze, wachse ich gut und freue mich über meine zahlreichen Blätter. Plötzlich kommt Gott auf mich zu und hält eine Weinbergschere in der Hand. Was will er damit? Es läuft doch alles bestens, oder? Er setzt die Schere an. »Finger weg!«, will ich sagen. »Pass doch auf, das tut weh!« Er lächelt mich liebevoll an und schneidet einen Trieb ab.

*Ich muss zugeben, in meinem Leben ist im Laufe der Jahre viel Wildwuchs entstanden.*

## WENN GOTT UNS BESCHNEIDET

Jesus malt weiter an dem Bild des Weinstocks. Auf einmal kann ich hinter meinen Zweifeln und Schmerzen einen Sinn erkennen. Ich sehe mein bisheriges Leben vor mir. Ich muss zugeben, da ist schon im Laufe der Jahre immer wieder viel Wildwuchs entstanden. Und so manches, was gewachsen ist, ist wahrlich keine Zier. Viele leuchtend grüne Blätter haben mir die Sicht dafür geraubt, dass darunter für gute Früchte überhaupt kein Platz mehr war. Ich war zeitweise regelrecht im Blindflug unterwegs. Na ja, ich habe schon noch etwas gesehen: mich!

So fühlte sich das für meine Familie und mein Umfeld auch an. Ich war derart auf eigene Dinge fixiert und mit der Freude an meinem vermeintlichen Wachstum beschäftigt, dass ich darüber alles andere vernachlässigt habe. Ich wurde immer egoistischer und merkte es nicht. Oder sagen wir so, ich hatte jederzeit gute Gründe, warum ich gerade jetzt etwas für mich tun musste. Da war keine Lust mehr, an andere zu denken und Lebensfreude zu teilen.

*Schonungslos schildert Jesus, wie vergeudet ein Leben ohne Liebe und Verbindung zu ihm ist.*

Das beste Beispiel ist ein Abend, an dem wir Gäste eingeladen hatten. Wie so oft sagte meine Frau: »Schatz, such du doch den Wein für heute Abend aus.« Ich ging in den Keller und durchforstete das Weinregal. Ich suchte zwei gute Flaschen aus, hielt aber dann inne. »Macht doch keinen Sinn, die verstehen ja eh nichts von Wein. Wäre wie Perlen vor die Säue zu werfen.«[20] Sprach's und suchte eine günstigere Alternative. Zufrieden war ich später allerdings nicht. Auch wenn die Gäste nichts bemerkten, mir wollte der Wein nicht so recht schmecken.

Dieser Abend war symptomatisch für meine veränderte Lebenseinstellung. Ich war buchstäblich ungenießbar geworden. Die fatale Folge meiner Ichbezogenheit war, dass ich nach und nach die Verbindung zu Gott aufkündigte – und das noch nicht einmal bemerkte. Auch für ihn hatte ich keine Zeit mehr. Ich hörte nicht mehr zu, vergaß immer häufiger die gemeinsamen Gespräche, die mir vorher sehr wichtig gewesen waren.

Komischerweise wollte ich in anderer Hinsicht immer mehr vom Leben. Allerdings ohne des elementaren Bestandteils: die Liebe. Ich stürzte mich einerseits in die Gemeindearbeit und verbiss mich immer wieder in Details. Andererseits redete ich mir ein, ich hätte viel zu wenig Zeit für mich selbst. Mich befiehl die Angst, etwas zu verpassen, und ich versuchte, das zum Beispiel mit unnötigem Konsum zu kompensieren. Erst als Gott die Notbremse zog, wurde mir klar, wie mir durch die Mangelerscheinung an Liebe in meinem Leben die Wertschätzung für viele Dinge verloren gegangen war und sich in Maßlosigkeit verwandelt hatte.

Diesen Zustand zeigt Jesus in seinem Bild vom Weinstock und den Reben auf. Schonungslos schildert er, wie vergeudet ein Leben ohne Liebe und Verbindung zu ihm ist. Sicher, auch im Leben ohne Gott wachsen Triebe und

sogar grüne Blätter. Aber man sollte sich nichts vormachen, das ist keine Frucht. Zunächst sieht es noch schön grün aus, aber nach und nach verdorrt das Leben. Die harte Bilanz Jesu: Da ist am Ende nichts, was von solch einem Menschenleben übrig bleibt. Nichts, woran es sich lohnt, erinnert zu werden.[21] Am Ende war alles umsonst. Fruchtlos, verdorrt und schließlich verbrannt. Ich habe diesen Zustand mehrfach durchlebt, aber dank Jesus immer überlebt.

Das wird bei Ihnen nicht anders sein. Sicher haben Sie in der Vergangenheit ähnliche Erfahrungen gemacht oder durchleben sie gerade. Dann wissen Sie auch, wie wohltuend es ist, innezuhalten. Doch wie so oft, weiß man vieles, nur die Umsetzung gelingt nicht immer. Es gibt Situationen, da dreht man sich im Kreis und kommt von allein nicht aus dem Hamsterrad. In solch einem Fall kann ein Impuls von außen Wunder wirken. Ich würde mich freuen, wenn diese Zeilen Ihnen dabei behilflich wären.

*»Wo stehe ich gerade?« Erlauben Sie sich eine ehrliche Antwort auf diese Frage.*

Wie auch immer Sie gerade Ihre Situation einschätzen, erlauben Sie sich eine ehrliche Antwort auf die Frage: »Wo stehe ich gerade?«. Mir hilft dabei, einen Ort aufzusuchen, der möglichst wenig Ablenkung bietet und mich nicht dazu verleitet, aufs Handy zu schauen, die Mails zu checken oder beim Rundumblick in der Wohnung festzustellen, was alles noch zu erledigen wäre. Dem einen hilft vielleicht, zunächst das Zimmer aufzuräumen, um endlich wieder vor einem leeren Tisch zu sitzen, dem anderen ein Spaziergang in der Natur.

Es wird Sie bestimmt nicht verwundern, wenn ich Ihnen sage, dass für mich die Zeiten mit Gott besonders intensiv sind, wenn ich mit dem Fahrrad oder zu Fuß durch Weinberge unterwegs sein darf. Hier komme ich zur Ruhe und kann Gottes Stimme hören. Und umgekehrt, in der Stille, wenn ich den Blick über die Reben gleiten lasse, spüre ich, wie sehr ich das Gespräch mit Jesus vermisst habe. Die Verbindung ist wieder da. Lebenssaft und Kraft durchfließen mich. Daraus wächst meine Bereitschaft, dass Gott den Finger auf die wunden Punkte in meiner Lebenseinstellung legen darf. In diese Situation hinein kommt der Weinbergsbesitzer und setzt die Schere an. Das tut weh, aber zugleich so gut.

# DER KORKENZIEHER

*Türöffner zu einer neuen Welt*

**Ohne einen geeigneten Korkenzieher geht
buchstäblich gar nichts.**

Ich kann mich noch an meine Anfangszeit in Sachen Wein erinnern. Damals habe ich unter anderem einen guten Korkenzieher zu schätzen gelernt. Es gab Situationen, da hatte ich keinen zur Hand und so manches Trinkvergnügen musste ausfallen. Es gab noch nicht so viele YouTube-Videos mit abenteuerlichen Anleitungen, wie man eine Flasche beispielsweise mit dem Schuhabsatz öffnen kann. Sie sollten das mal ausprobieren, es funktioniert tatsächlich! Trotzdem schadet es nicht, einen oder zwei gute Korkenzieher anzuschaffen, damit Sie nicht in dieselbe missliche Lage geraten wie ich damals.

Ich hatte ihn lange im Urlaubsgepäck gesucht. Endlich lag der Korkenzieher vor mir. Etwas antiquiert, aber irgendwie kultig. Sie kennen die Dinger bestimmt auch: zwei flügelartige Hebel, die den Korken mit wenig Kraftaufwand aus der Flasche befördern sollen. Wenn da bei meinem Exemplar nicht die schrottige Spindel gewesen wäre …

## EIN SELTSAMER KORKENZIEHER

Die gute Flasche Wein, die ich vor Ort bei einem Winzer stolz erstanden hatte, stand vor mir. Ich hatte mich schon darauf gefreut, sie gemeinsam mit meiner Frau an einem wunderbar lauschigen Abend auf der Terrasse unseres Feriendomizils zu genießen. Jetzt sollte der Wein nur noch ein Stündchen atmen, damit sich das Aroma voll entfalten konnte. Ich schraubte also die Spindel in den Korken und begann, die Hebel nach unten zu drücken. Alles schien planmäßig zu funktionieren. Doch dann passierte das Malheur. Die Spindel brach einfach ab und ich hielt das Oberteil des Korkenziehers hilflos in der Hand. Die Spindel steckte noch tief im Korken.

*Jetzt sollte der Wein nur noch ein Stündchen atmen, damit sich das Aroma voll entfalten konnte. Doch der Korkenzieher streikte.*

Das Ding war scheinbar aus einem sehr minderwertigen Material gefertigt worden. Damit sollte es wohl an diesem besagten Abend nichts mehr werden mit dem genussreichen Ausklang. Ich machte meiner Enttäuschung Luft, was einer unserer Bungalownachbarn mitbekam. Er besah sich belustigt das Unglück und kam kurz darauf mit einem seltsamen Gerät wieder. Es sah aus wie zwei dünne Spaltmaßmesser, die an

einem Griff befestigt waren. Geschickt schob er die beiden Hebel der Zange zwischen Korken und Flaschenhals. Vorsichtig zog er an – und tatsächlich, das Wunder geschah, der Korken bewegte sich langsam aus der Flasche. Meine Frau und ich waren begeistert. Der Nachbar erklärte mir, dass ihm dieser seltsame Korkenzieher in schon mancher ähnlich misslichen Lage gute Dienste erwiesen hatte. Sogar abgebrochene Korken konnte man mit seiner Hilfe erfolgreich aus der Flasche befördern.

Was soll ich sagen, es wurde also doch noch ein wunderbarer Abend und wir genossen die Flasche einfach gemeinsam mit dem Nachbarn. Selbstverständlich habe ich mir – kaum aus dem Urlaub zurückgekehrt – sofort so ein Ding angeschafft. Und auch noch manchen anderen hochwertigen Korkenzieher, man kann ja nie wissen.

## EIN GUTER KORKENZIEHER

**Der teuerste Korkenzieher ist nicht unbedingt der beste. Wichtig sind folgende Merkmale:**

- Er sollte eine Seele besitzen. Dies ist der Hohlraum in der Mitte der Spindel des Korkenziehers, die mindestens so groß sein sollte, dass ein Streichholz hindurchpasst. Der am weitesten verbreitete Flügelkorkenzieher besitzt so etwas nicht. Er sieht eher aus wie ein Gesteinsbohrer. Und wie ein solcher fördert er Korkteile nach oben – die dann leider oft im Wein landen. Daher ist dieses Modell nicht besonders empfehlenswert.
- Ein kleines Messer am Korkenzieher ist wichtig, um die Kapsel sauber abschneiden zu können. Das sieht nicht nur optisch schöner aus, sondern verhindert zugleich etwaige Verletzungen, wenn man mit anderen Gerätschaften versucht, die Kapsel zu entfernen.
- Ein guter Korkenzieher besitzt einen Hebel, damit man den Korken ohne großen Kraftaufwand aus der Flasche befördern kann.

Alle diese Eigenschaften besitzt das sogenannte Kellnermesser[22]. Es kostet im Handel etwa 10 Euro, erfüllt seinen Zweck und ist sehr handlich.[23] Ich verwende kaum noch einen anderen Korkenzieher und habe zur Sicherheit immer ein Modell dabei.

## Weitere hilfreiche Weinutensilien:

Wer einen vernünftigen Korkenzieher besitzt, ist fürs Erste gut genug ausgestattet. Doch es gibt noch viele weitere Helferlein, von denen ich einige nicht mehr missen möchte:

- Metallring mit Filzeinlage für den Flaschenhals: Sorgt dafür, dass die Tischdecke während und nach dem Ausschenken keine Flecken bekommt.
- VacuVin: Weinverschluss mit Pumpe zur Verlängerung der Haltbarkeit einer geöffneten Flasche.
- Winaro Winesafer: Stickstoff zum Konservieren des geöffneten Weines.
- Sekt- oder Schaumweinverschluss: Es gibt viele Modelle, doch nur manche verschließen die Flasche so gut, dass der Schaumwein am nächsten Tag tatsächlich noch genug Kohlensäure besitzt.
- Dekantierkaraffe: zum Umfüllen und Trennen des Rotweins vom Depot[24].
- Karaffe: zum Umfüllen eines jüngeren Weines, damit er durch den vermehrten Kontakt mit Sauerstoff etwas zugänglicher wird.
- Ausgießer zum Belüften des Weines: erfüllt denselben Zweck wie eine Karaffe und belüftet junge Weine. Nur wird in diesem Falle direkt von der Flasche ins Glas eingeschenkt.
- Separater Kapselschneider: ein Helferlein zum sauberen Abtrennen der Kapsel.
- Weinkühler: gibt es in verschiedenen Preisklassen und Varianten. Einer, der sich bei mir bewährt hat und den ich am praktischsten empfinde, ist zugleich einer der günstigsten. Es handelt sich um eine Kühlmanschette, die mit Kühlgel gefüllt ist. Ich habe immer mindestens zwei Stück im Gefrierschrank. So kann ich jederzeit und sehr schnell – nämlich in maximal 15 Minuten – Wein herunterkühlen. Vielseitig ist die Manschette obendrein, denn mit etwas Geschick kann man sie sogar über eine 1,5-Liter-Wasserflasche stülpen oder mit Tesafilm etwas zusammenbinden und dann eine schmalere Bierflasche damit kühlen.
- Weinthermometer: Nützlich zur Kontrolle der richtigen Trinktemperatur des Weines, damit sich die volle Aromatik entfalten kann. So sollte zum Beispiel Rotwein mit einer Temperatur von etwa 16 bis 18 Grad Celsius und Weißwein mit einer Temperatur von etwa 10 bis 14 Grad Celsius serviert werden. Dies sind allerdings nur grobe Angaben. Wer es genauer

und detaillierter wissen möchte, der greife auf eines meiner im Anhang empfohlenen Weinbücher zurück.

## MATTHÄUS, EIN ETWAS ANDERER KORKENZIEHER

So ein Korkenzieher ist eine wunderbare Sache. Er öffnet bisher Verschlossenes und bringt durch seine Vorarbeit etwas Wunderbares ins Fließen. Das erinnerte mich an eine Person. Wer war das noch mal? Ich durchforstete die Evangelien – und dann fiel mir der Mann wieder ein: Matthäus!

*Als Jesus die Straße entlangging, sah er Matthäus in seiner Zollstation sitzen. »Komm mit und folge mir nach«, sagte er zu ihm. Und Matthäus stand auf und folgte ihm nach. Am selben Abend lud Matthäus Jesus und seine Jünger zum Abendessen ein. Einige andere Steuereintreiber und viele stadtbekannte Sünder waren ebenfalls eingeladen. Die Pharisäer waren empört. »Wie kommt euer Meister dazu, mit solchem Abschaum zu essen?«, fragten sie seine Jünger. Als Jesus es hörte, antwortete er: »Die Gesunden brauchen keinen Arzt – wohl aber die Kranken.« Und er fügte hinzu: »Nun geht und denkt einmal darüber nach, was mit dem Wort in der Schrift gemeint ist: ›Ich will, dass ihr barmherzig seid; eure Opfer will ich nicht.‹ Denn ich bin für die Sünder gekommen und nicht für die, die meinen, sie seien schon gut genug.«*

*Matthäus 9,9-13*

Machen wir uns nichts vor. Matthäus war nicht gerade ein Sympathieträger. Er machte bei seiner Berufsausübung gemeinsame Sache mit den römischen Besatzern und bereicherte sich dabei auch noch an seinen Lands-

leuten. Unzählige hasserfüllte Augen musste er täglich beim Kassieren der Zölle ertragen. Freunde hatte er in seinem Viertel schon lange nicht mehr. Nur noch Seinesgleichen hatte er ab und an zu Gast. Dann kam der Tag, an dem Jesus an seine Zollstation trat. Zum ersten Mal seit langer Zeit blickten ihn aufmerksame, ja liebevolle Augen an.

Jesus sprach Matthäus freundlich an und ermutigte ihn, eine neue Richtung in seinem Leben einzuschlagen. Zugleich hatte er zum ersten Mal trotz seines Berufes Anerkennung erfahren und ein Stück Würde zurückbekommen. Dieser Jesus wollte sogar freiwillig sein Gast sein. Matthäus war angenehm berührt. Er spürte, wie sich in seinem Innersten etwas löste. Da zog einer den Korken aus seinem verschlossenen Herzen. Es konnte auf einmal alles herausfließen, was Matthäus seither nicht mehr nach draußen gelassen hatte. Da waren so viel Härte und Habgier, aber auch Trauer, Schmerz und

*Jesus hatte den Korken aus seinem verschlossenen Herzen gezogen.*

Einsamkeit zu finden. Niemandem hatte er seit langer Zeit einen solchen Blick in sein Innerstes gewährt. Auch aus Angst, was dann passieren würde. Und nun war er überrascht, wie gut das tat.

Ich bin fest davon überzeugt, es wurde ihm in diesem Moment klar, wen er da vor sich hatte. Das war nicht nur der Mensch Jesus, er begegnete gerade seinem Schöpfer. Und das tat gut. Es hatte etwas Befreiendes. Jesus hatte ihm ein neues Leben eröffnet. Matthäus konnte sich und seine Umgebung mit anderen Augen wahrnehmen. Daraus entstand eine spontane Idee: »Ich lade meine Kollegen ein. Das müssen die einfach sehen und am eigenen Leib erfahren.« In diesem Moment wurde Matthäus selbst zu einem Korkenzieher. Matthäus öffnete für seine Tischfreunde die beste »Flasche«: Jesus.

So saßen sie beisammen – der Gottessohn und die unbeliebtesten Menschen der gesamten Region. Sie genossen miteinander das gute Essen, den wunderbaren Wein und die alles heilende Gemeinschaft mit Jesus. Da mag man nun denken: das ist ja alles schön und gut, aber was sind das für unmögliche Tischfreunde? Die schlimmsten Gestalten, die man sich vorstellen kann, sitzen beieinander. Und Jesus mittendrin. Da fallen mir so manche Leute ein, die würde ich lieber sonst wohin wünschen, als mich mit ihnen an einen Tisch zu setzen, geschweige denn gemeinsam zu dinieren. Ich wüsste nicht einmal, was ich mit denen reden sollte. Wir haben wirklich keinen einzigen gemeinsamen Anknüpfungspunkt.

Aber gut, vielleicht sollte ich vorsichtig sein. Ich und die Leute, mit denen ich mich umgebe, wir sind ebenfalls keine Unschuldslämmer. Sicher gibt es in meinem Umfeld die ein oder andere Person, die keine Lust hätte, mit mir oder meinen Freunden am Tisch zu sitzen. Hat er oder sie eventuell … also möglicherweise … auch wenn das völlig abwegig ist, schon schlechte Erfahrungen mit meinen Charaktereigenschaften gemacht?

Wenn ich genauer darüber nachdenke, wie ich mich des Öfteren präsentiere, muss ich froh sein, dass sich überhaupt noch jemand mit mir an einen Tisch setzen will. Sicher kommen die Gäste nur, weil meine Frau gut kochen kann und wegen dem guten Wein, den es bei uns obligatorisch bei jeder Einladung gibt. Womit wir wieder beim Thema wären. Wie war das noch mal mit dem Korkenzieher Matthäus?

## EIN GUTER TROPFEN ALS OPENER

Matthäus hatte intuitiv etwas Richtiges getan. Er war fasziniert von der Begegnung mit Jesus und konnte das nicht mehr für sich behalten. Gut, bei mir ist der Glaube schon etwas in die Jahre gekommen und an manchen Stellen etwas angestaubt. Die erste Begeisterung hat im Laufe der Zeit einer wohltuenden Vertrautheit Platz gemacht. Fühlt sich nicht verkehrt an, aber eine Auffrischungskur könnte nicht schaden. Im geschützten Rahmen der Gemeinde rede ich selbstverständlich von Gott. Aber sobald ich vor die Türe gehe, hält sich mein Engagement in Grenzen. Dieses Bewusstsein erzeugt in mir ein schlechtes Gewissen. Ja, ein Korkenzieher zu sein, ist eine gute Sache. Ich möchte trotzdem nichts tun müssen, wobei ich mich verkrampfe. Wäre es denkbar, dass mir meine Begeisterung für Wein dabei behilflich sein könnte?

Ich stelle mir Matthäus an diesem besagten Abend mit Jesus vor. Vermutlich lebte er eher zurückgezogen und war kein großer Gastgeber und Unterhalter. Er sprach seine Einladung an die Kollegen und weitere zwielichtige Freunde oder vielleicht auch nur Bekannte daher eher über seine Hausangestellten aus. Jene müssen wohl sehr überzeugend gewirkt haben, dass die Leute gleich alles liegen und stehen ließen. Nun saßen sie da, in ungewohnt großer Runde und wirkten alle etwas nervös und angespannt. Matthäus selbst redete nicht viel an diesem Abend.

*Ein Korkenzieher zu sein, ist eine gute Sache. Kann mir meine Begeisterung für Wein dabei behilflich sein?*

Nach der obligatorischen Begrüßung beschränkte er sich auf seine Rolle als Gastgeber und versorgte alle mit Essen und gutem Wein. Langsam entspannten sich die Gesichtszüge, auch bei Matthäus. Er lehnte sich zurück und wartete gespannt. So wie Jesus bei ihm die Initiative ergriffen und ihn angesprochen hatte, würde er wohl auch an diesem Abend das Wort ergreifen. Matthäus konnte und musste nichts tun, um die Gespräche in eine bestimmte Richtung zu lenken. Die entscheidenden Sätze, die auch ihn zutiefst berührten, wurden von Jesus ausgesprochen.

*Menschen für Jesus begeistern – das wollte ich nie wieder auf eine Weise tun, die für mich zum innerlichen und äußerlichen Krampf wird!*

Mir die Abendgesellschaft bei Matthäus so vorzustellen, hat beruhigende Wirkung auf mich. Ich erinnere mich an den Beginn meiner eigenen Glaubensgeschichte. Hier hatte ebenfalls Jesus die Initiative ergriffen und meine Rolle war es einfach nur, darauf zu reagieren.

Ganz anders war das damals, als ich mich überreden ließ, als Mitarbeiter bei einer Evangelisationswoche für junge Leute dabei zu sein. Auf einmal musste ich Dinge tun, die mir so gar nicht lagen und Angstschweiß bei mir auslösten. Ich sah mich plötzlich in einer Fußgängerzone mit anderen singen, Pantomime aufführen und Flyer für eine Abendveranstaltung verteilen. Ich fühlte mich unwohl in dieser Rolle. Ich kam mir vor wie so manche von den Zeugen Jehovas, die ich bei uns in der Stadt beobachtet hatte. Man sah es teilweise ihren Gesichtern an, dass es eine unangenehme Pflichtveranstaltung für sie war, Traktate zu verteilen oder Passanten in Gespräche zu verwickeln.

Natürlich musste ich später als Pastor auch Aufgaben übernehmen, die mir von meinem Naturell her überhaupt nicht lagen. Das ist für mich nie ein

Problem gewesen. Ich habe akzeptiert, dass sie einfach zum Berufsbild des Hauptamtlichen gehören. Aber Menschen für Jesus begeistern – das wollte ich nie wieder auf eine Weise tun, die für mich zum innerlichen und äußerlichen Krampf wird!

## Einfach offen sein

Die Begebenheit mit dem Zöllner Matthäus brachte mich schließlich auf eine Idee. Neben dem Predigen und der Musik ist Wein meine Welt. Ich habe die Fähigkeit, Leute zu begeistern und zusammenzubringen. Das würde mir doch sicher auch mit dem Thema Wein gelingen! So war bei mir der Gedanke geboren, dass ein guter Tropfen auch ein guter Opener sein kann. Begleitet von gutem Essen schafft er Begegnung und eröffnet Gesprächsmöglichkeiten, die am nackten Tisch wahrscheinlich nicht stattfinden würden. Ich erzwinge nichts, sondern will einfach offen sein. Jesus wird bei uns sitzen und sich selbst ins Gespräch einmischen.

Ich habe diese Überlegung schließlich in die Tat umgesetzt. Zum einen machte es mir sehr viel Spaß, ein Weinseminar mit passenden Passagen aus der Bibel zu planen und an der Volkshochschule anzubieten. Zum an-

> *Bei der nächsten Grillparty will ich mich daran erinnern, dass mir Jesus vor langer Zeit begegnet ist und mich eingeladen hat, mit ihm zu gehen.*

deren entstanden bei Einladungen bei uns zu Hause immer wieder gute Gelegenheiten, eine Flasche aus dem Keller zu präsentieren und als Gesprächsgrundlage zu entkorken. Ich denke noch gerne an einige sehr tief gehende Gespräche zurück, bei denen wir die Nähe Gottes spüren konnten.

Die letzte Gelegenheit dieser Art ist schon wieder eine ganze Weile her. Beim Schreiben fühle ich mich gerade ermutigt, es wieder einmal zu wagen. Bei der nächsten Grillparty mit Gästen will ich mich daran erinnern, dass mir Jesus vor langer Zeit begegnet ist und mich – wie Matthäus – eingeladen hat, mit ihm zu gehen. Und wenn ich mir dann noch vergegenwärtige, dass Gott bei dem guten Essen und dem köstlichen Wein mit dabei ist, dann wird das die Atmosphäre entscheidend verändern.

Wie Sie sich unschwer vorstellen können, habe ich als Weinliebhaber und Sommelier schon so manche Flasche geöffnet. Ihnen geht es vermutlich ebenso. Stellen wir uns vor, was alles möglich wäre, wenn wir beim nächsten Zusammentreffen mit dem Korkenzieher eine ganz andere Flasche öffneten?

# GUTE GLÄSER

## Ins rechte Licht gerückt

*Wein ist eine Rampensau. Er will präsentiert und gewürdigt
werden. Erstaunlich hoch ist auch der Stellenwert, der dem Wein
in der Bibel zugemessen wird.*

Ich habe sie noch zu Hause im Schrank stehen, zwei alte Weingläser von meinen Großeltern. Das eine ist ein sogenannter Römer – unten der rustikale Fuß aus grünem Glas, oben ein breiter Kelch aus Weißglas mit Goldrand. Aus ihm trank man früher seinen Schoppen Wein. Das zweite Glas hat einen filigraneren Stil und geschliffenes Buntglas als Kelch. Es wurde von meinen Großeltern nur an besonderen Festtagen oder für Gäste hervorgeholt.

Ich hatte sie ursprünglich als Erinnerungsstücke aufgehoben. Später, als ich anfing, mich für Wein zu begeistern, probierte ich sogar den ein oder anderen Wein aus diesen besonderen Gläsern. Aber egal, welches Tröpfchen ich einschenkte, keines schmeckte daraus besonders gut. Als ich dann in einem meiner ersten Weinbücher las, dass zum Weingenuss auch das Betrachten der Weinfarbe und das Riechen des Aromas gehören, musste ich feststellen, wie ungeeignet diese Gläser dafür eigentlich sind.

*Wissensbox*

## EIN GUTES WEINGLAS

- Dünnes Glas sorgt für eine optimale Verteilung des Weines auf der Zunge. So können wir das Aroma und die Charakteristik des Weines besser herausschmecken.
- Ein konisch zulaufender Kelch lässt sich erstens besser schwenken, und zweitens bündelt er dabei den Duft des Weines, wodurch er sich viel konzentrierter wahrnehmen lässt. Versuchen Sie mal, in einen Weinrömer hineinzuriechen! Sie werden erstaunlich wenig feststellen. Im Anschluss probieren Sie den Wein aus einem guten Glas. Auf einmal geht eine Türe auf und Sie sind in der Lage, ein großes Spektrum an Eindrücken zu erfassen.
- Rot- und Weißwein brauchen zwei verschiedene Glastypen: einen mit größerem Kelch für die Rotweine, einen mit kleinerem Kelch für Weißweine.

Wenn Sie es selbst einmal ausprobieren, werden Sie feststellen, dass sich mit den richtigen Weingläsern das Weinuniversum ganz anders ergründen lässt. Der Wein kann sich in seinem ganzen Spektrum an Aromen und Farbnuancen präsentieren. In diesem Moment zeigt sich: Wein ist eine Rampensau. Er will präsentiert und gewürdigt werden.

Ein Wein mit hervorragender Qualität ist es wert, aus guten Gläsern getrunken zu werden. Tun Sie das nicht, können Sie ihn nicht in seiner ganzen Vielfalt wahrnehmen und werden möglicherweise sogar enttäuscht. Ganz nach dem Motto: »Dann hätte es der günstigere Wein auch getan.«

Tatsächlich ist es kein Geheimnis, dass die Benutzung guter Gläser dazu beiträgt, die Qualität eines Weines – auch schon als Anfänger – besser einschätzen zu können. Dadurch steigert man schlussendlich auch den Genuss und die Freude am Wein.

*Mit den richtigen Weingläsern lässt sich das Weinuniversum ganz anders ergründen.*

## *Wissensbox*
## MEINE GLÄSEREMPFEHLUNGEN

- Einfaches, aber gutes Allroundglas – das Weindegustationsglas I.N.A.O. der französischen Sommelierunion. Kostet etwa 2,50 Euro pro Stück. Ich benutze dieses Glas für den Alltag und bei meinen Seminaren.
- Gläser von Spiegelau, zum Beispiel die Serie HIGHLINE – schönes Design, handgefertigt.
- Gläser von Stölzle, zum Beispiel der POWER-Rotweinkelch und -Weißweinkelch: elegante Form, spülmaschinengeeignet.
- Gläser von Riedel, zum Beispiel aus der Serie VINUM – preiswert, aber praktisch und spülmaschinenfest. Oder die Serie SOMMELIER: gute handgefertigte Gläser.
- Gläser von Zalto: Mundgeblasene Gläser für sehr passionierte Weintrinker. Achtung! Das Glas ist sehr dünn und daher nicht spülmaschinengeeignet. Diese Gläser sorgen für ein unvergleichliches Aromen-Erlebnis.

# DIE HOCHZEIT ZU KANA

Nehmen wir jetzt unser leeres Weinglas in die Hand und begeben uns mitten in eine Hochzeits-Szene:

*Am übernächsten Tag war die Mutter von Jesus bei einer Hochzeitsfeier in Kana, einem Dorf in Galiläa. Auch Jesus und seine Jünger waren zu der Feier eingeladen. Während des Festes ging der Wein aus, und die Mutter von Jesus machte ihn darauf aufmerksam. »Sie haben keinen Wein mehr«, sagte sie zu ihm. »Was hat das mit mir und dir zu tun?«, fragte Jesus. »Meine Zeit ist noch nicht gekommen.« Doch seine Mutter wies die Diener an: »Tut, was immer er euch befiehlt.« Im Haus gab es sechs steinerne Wasserbehälter, die für die vorgeschriebenen Reinigungshandlungen der Juden verwendet wurden und jeweils rund hundert Liter fassten. Jesus sprach zu den Dienern: »Füllt die Krüge mit Wasser.« Als sie die Krüge bis zum Rand gefüllt hatten, sagte er: »Schöpft daraus und bringt es dem Zeremonienmeister.« Sie folgten seiner Anweisung. Der Zeremonienmeister kostete von dem Wasser, das nun Wein war. Da er nicht wusste, woher der Wein kam – denn nur die Diener, die ihn geschöpft hatten, wussten es –, ließ er den Bräutigam holen. »Eigentlich schenkt ein Gastgeber den besseren Wein zuerst aus«, sagte er. »Später, wenn alle betrunken sind und es ihnen nichts mehr ausmacht, holt er den weniger guten. Du dagegen hast den besten Wein bis jetzt zurückbehalten!« Durch dieses Wunder in Kana in Galiläa zeigte Jesus zum ersten Mal seine Herrlichkeit. Und seine Jünger glaubten an ihn.*

*Johannes 2,1-11*

Wir sitzen also mit den Gästen am Tisch, bekommen eingeschenkt und probieren. Na ja, da haben wir schon mal was Besseres getrunken. Aber egal. Wir beobachten die Szene. Es ist alles irgendwie so fremd und doch so vertraut. An einem besonders schön geschmückten Platz sitzen Braut und Bräutigam und sehen sich so verliebt in die Augen, dass sie das Drumherum für eine ganze Weile gar nicht wahrnehmen. Was für ein hübsches Paar! Es sind viele Freunde und Verwandte da, immer wieder stoßen sie auf das junge Glück an. Einige Personen tanzen und lachen. Da drüben tanzen Jesus und seine Jünger – Arm in Arm mit anderen geladenen Gästen.

Am gegenüberliegenden Tisch beobachtet eine ältere Frau mit einem Lächeln die Tänzer. Das muss die Mutter von Jesus sein. Die Ähnlichkeit in den Gesichtszügen ist nicht zu übersehen. Plötzlich steht jemand hinter ihr und gestikuliert energisch. Sie verlassen den Saal in Richtung der Küche. Wir folgen den beiden. Maria bleibt vor mehreren leeren Tonkrügen stehen. Der Veranstalter ist außer sich. Es ist kein Wein mehr da! Wie kann so etwas sein?

## Es wird klar, was für eine Katastrophe sich für das Ehepaar anbahnt.

Die Hochzeitsfeier hat noch nicht einmal richtig angefangen. Es wird uns klar, was für eine Katastrophe sich für das junge Ehepaar und deren Eltern anbahnt.

Zugleich wird deutlich, welchen Einfluss die Mutter von Jesus auf dieser Hochzeit wohl haben muss. Sie nimmt das Ruder in die Hand. Sie geht und bittet Jesus um Hilfe. Doch wo soll Jesus jetzt eine größere Menge Wein hernehmen? Sie weiß wohl mehr als alle anderen in diesem Saal. Auch wenn Jesus zunächst abwehrt, so übergibt sie ihm dennoch das Steuer.

Die kleine Gruppe geht und verschwindet in einen anderen Raum, wir folgen unauffällig. In einem großen kühlen Raum entdecken wir sechs riesige Tongefäße. Jedes fasst unserer Schätzung nach mindestens 100 Liter. Sie sind leer, denn sie wurden schon zu Beginn der Feierlichkeiten dafür hergenommen, die vom Staub der Dorfstraße verschmutzten Füße der Gäste zu reinigen. Dazu war

sicherlich viel Wasser nötig. Unsere Schätzung der Zahl der Hochzeitsgäste müssen wir kräftig nach oben korrigieren. Da wird uns schlagartig bewusst, wie sehr die Organisatoren in der Patsche sitzen. Die gute Stimmung der nebenan ahnungslos feiernden Hochzeitsgäste könnte bald ein jähes Ende nehmen.

Wir erkennen die Umrisse und das Gesicht von Jesus. Er kommt auf die Diener zu und ordnet an, die Gefäße rasch mit Wasser zu befüllen. Was hat er nur vor? Stunden über Stunden vergehen. Allmählich überträgt sich die Nervosität der Verantwortlichen auch auf uns. Wir starren betroffen auf unsere längst leeren Weingläser. Umso erstaunlicher ist die Ruhe, die Jesus ausstrahlt. Mittlerweile ist einer nach dem anderen aus dem Kreis der Jünger hier im feuchten Halbdunkel der Tonkrüge eingetroffen. Sie haben wohl gespürt, dass Jesus nicht ohne Grund so lange weggeblieben ist.

Auf einmal schaut ein rundes Gesicht mit rosigen Wangen durch die Tür. Man sieht sofort an seiner Kleidung, dass es sich um den Küchenchef handeln muss. Jesus hatte ihm einen Kelch vom Inhalt der Tongefäße bringen lassen. Nun taucht dieser mit fragendem Gesichtsausdruck vor Jesus auf. Wieso hat man ihm jetzt erst so einen köstlichen Wein gebracht, wo doch zuvor ein wesentlich minderwertigerer an die Gäste ausgeschenkt worden war?

*Ganz unscheinbar und still hat Jesus ein Wunder gewirkt. Und was für eines!*

Unauffällig nähern wir uns einem der Tongefäße und schnüffeln. Tatsächlich, das riecht nach Wein! Wir tauchen unsere Gläser hinein und probieren selbst. Wahnsinn, was für ein Wein! Unglaublich diese Fülle und Frucht! Kein Mensch hat es gemerkt. Ganz unscheinbar und still hat Jesus ein Wunder gewirkt. Und was für eines!

Aus dem Festsaal klingen laute Rufe und das Scheppern von zusammengestoßenen Weinkelchen herein. Die Stimmung nimmt durch den im wahrsten Sinne des Wortes wunderbaren Wein wieder an Fahrt auf. Wir müssen schmunzeln und bleiben doch nachdenklich zurück.

Wir hören die Worte aus dem Johannesevangelium in uns nachklingen: »Durch dieses Wunder in Kana in Galiläa zeigte Jesus zum ersten Mal seine Herrlichkeit. Und seine Jünger glaubten an ihn.« Was für eine gute Geschichte für alle Weinfreunde und Freunde Gottes! Vor allem dieser letzte Satz hat es in sich.

## MEHR ALS NUR FÜR EIN RAUSCHENDES FEST

Wenn ich darüber nachdenke, ist bei mir das biblische Kopfkino gerade bis auf den letzten Platz gefüllt. Es ist schon interessant, welchen Stellenwert der Wein nicht nur bei Jesus, sondern überhaupt in der gesamten Bibel hat. Die Vorstellung, bei der Hochzeit zu Kana dabei gewesen zu sein, ruft in mir schlagartig noch viele andere biblische Akteure auf den Plan.

Vor meinem geistigen Auge erscheint Noah, der nach langer Zeit endlich wieder Land unter den Füßen hat. Was ist seine erste Amtshandlung? Den Boden küssen wie der Papst? Nein, er besichtigt das Umfeld und fängt an geeigneter Stelle sofort an, einen Weinberg anzulegen.[25]

Ich stelle mir den israelitischen Soldaten vor, der bei seinem Vorgesetzten selbstverständlich Urlaub bekommt, um seinen Weinberg pflegen und beschützen zu können.[26]

Ich sehe die mächtige Tempelanlage in Jerusalem. Da sind viele Menschen, die fröhlich miteinander feiern. Sie sind gekommen, um den zehnten Teil ihrer Erträge vor Gott zu bringen. Einen guten Teil davon dürfen sie nun in fröhlicher Gemeinschaft selbst verspeisen. Ja, und sie stoßen miteinander mit Wein an, auf ihren wunderbaren Gott. Keiner der Tempeldiener oder der Priester stört sich dabei daran, dass einige wohl schon ziemlich angeheitert sind.[27]

*Der Wein über-nimmt an vielen wegweisenden Bibelstellen symbolisch oder ganz real die Schlüsselrolle.*

Schroffer Szenenwechsel, denn jetzt sehe ich eine empörte fromme Gruppe vor mir, die Jesus als Fresser und Weinsäufer beschimpft.[28] Sie entsetzen sich darüber, dass er sich mit dem Abschaum der Gesellschaft umgibt und auch noch mit ihnen isst – und Wein trinkt. Jesus tritt heran und spricht mit der aufgebrachten Meute. Er macht den Leuten klar, dass miteinander essen und trinken eine geradezu therapeutische Wirkung auf die Beteiligten hat.[29]

Jetzt sehe ich Jesus, umringt von seinen Jüngern. Man sieht Entschlossenheit und einen tiefen Frieden in seinen Augen. Er hält einen Weinstock in der Hand und vergleicht sich selbst mit ihm. Die Jünger bezeichnet er als Weinreben, die an ihm wachsen und nur durch die enge Verbindung überleben können.[30]

Die Szene in meinem Kopf wird dunkler, Öllampen prägen die Atmosphäre. Ein Raum taucht auf, in dem die Freunde und Jesus an einem Tisch sitzen. Jesus hat einen Weinkelch in der Hand und spricht von seinem Blut, das er bald vergießen wird, damit die Jünger leben können.[31]

Eine letzte Szene zeigt einen riesigen, festlich geschmückten Saal. Viele Menschen feiern fröhlich, essen kostbarste Speisen und trinken dazu die teuersten und besten Weine, die die Welt je hervorgebracht hat. Es ist ein Blick in die Zukunft, auf den himmlischen Thronsaal am Ende aller Zeiten.[32]

Ist es nicht erstaunlich, dass der Wein an so vielen wegweisenden Bibelstellen symbolisch oder ganz real die Schlüsselrolle übernimmt? Wein ist ein großartiger Darsteller, der das Zeug dazu hat, ganz vorne mitzuspielen. Zum einen, weil er zur Hochform auffährt, wenn er entsprechend präsentiert und gewürdigt wird. Zum anderen, weil er die Fähigkeit besitzt, uns Gott näher-zubringen.

Daraus kann auch das Wunder des Glaubens entstehen, wie der letzte Satz der Begebenheit von der Hochzeit zu Kana betont: »und seine Jünger glaubten an ihn«. Wein schreibt hier Glaubensgeschichte.

Die Freunde Jesu waren seit diesem Ereignis nicht mehr nur Beobachter. Sie hatten mit allen Sinnen Gottes Handeln erlebt. Und das mitten in einem wenig religiösen Zusammenhang. Jesus zeigte mit dem Weinwunder eine Seite seines Vaters, die offensichtlich nur wenigen bekannt war: Genießen und fröhliches Feiern sind Teil seiner Schöpfung! Gott fühlt sich sogar für den berauschenden Genuss einer Hochzeitsgesellschaft zuständig. Unerwartet erscheint er mitten im Alltag. Die Freunde Jesu hat das tief berührt. Sie verstanden etwas besser, wer Jesus wirklich war. Durch den Wein war der Glauben in der Realität angekommen.

Eben dieses Glaubenswunder habe ich selbst schon bei meinen Weinabenden erlebt. Als Rampensau kann ein guter Tropfen der Einstieg zu wunderbaren Gesprächen sein, die in die Tiefe gehen und lange nachwirken. Gott ist mit allen Sinnen erfahrbar. Hat sich daran bis heute etwas geändert? Probieren Sie's aus!

Übrigens: Auch wenn Sie das vielleicht verwundert, die Weingläser meiner Großeltern habe ich immer noch in Gebrauch. Ich verwende sie als Anschauungsobjekte für meine Weinseminare, wenn ich am praktischen Beispiel zeigen möchte, warum man sich geeignetere Gläser anschaffen sollte, um den Wein ins rechte Licht zu rücken.

*Genießen und fröhliches Feiern sind Teil von Gottes Schöpfung.*

# DIE FARBE DES WEINES

*Tiefe Blicke wagen*

**Die Farbe eines Weines erzählt seine Geschichte – wenn man
etwas genauer hinschaut. Jesus war auch jemand, der genauer
hinsah. Menschen öffneten ihm ihre Herzen und er konnte
tief in ihre Seelen blicken.**

Ich bin aufgeregt wie ein kleiner Schuljunge. Lange hatte ich auf das Weinseminar bei der örtlichen Volkshochschule gewartet. Es war während meines Theologiestudiums und ich war so begeistert, dass ich es sogar in Kauf nahm, anzustehen, um einen der begehrten Teilnehmerplätze buchen zu können. Und nun sitze ich in dem Raum mit rund zwanzig anderen Weininteressierten, die gespannt auf den Seminarleiter warten. Der Geruch des Raumes und sein Inventar erinnern mich an meine Schulzeit. An jedem Platz stehen vier Gläser bereit, daneben liegen die Seminarunterlagen. Vorne beim

## *Eine Welt voller spannender Erfahrungen und Glücksmomente öffnet sich vor unseren Augen.*

Seminarleiter ist einiges technisches Equipment aufgebaut, diverse Weinutensilien und Flaschen stehen daneben. Dann geht die erste Einheit los.

Vor unseren Augen öffnet sich eine neue Welt voller spannender Erfahrungen und Glücksmomente. Förmlich wie ein trockener Schwamm sauge ich alles auf, was der Weinfachmann zu berichten weiß. In fröhlicher Stimmung schwenken wir Gläser, betrachten staunend die Farbe des Weines. Später tauchen unsere Nasen hinein, wir schlürfen und schmatzen, verschlucken uns und lachen. Wir unterhalten uns angeregt bis lange nach Ende der Veranstaltung. Die Gespräche werden tiefer, längst gehen sie über das Thema Wein hinaus.

Mit jeder Seminareinheit macht sich ein bisschen mehr Vertrautheit breit. Wir kennen uns untereinander nun schon besser, wissen, was wir beruflich machen und was uns sonst so beschäftigt. Jede Woche freue ich mich wieder auf den Tag des Seminars und kann es kaum erwarten. Bald sind alle per Du und als eingeschworene Gemeinschaft wollen wir sofort bei Bekanntwerden des Folgeseminars bei der Anmeldung auf der Matte stehen. Doch auch die schönste Zeit geht einmal zu Ende, selbst diese wunderbaren Wochen der weinseligen Sinnesfreuden. Meine Studienzeit war beendet und ich zog mit meiner Familie an meinen ersten Dienstort als Pastor.

Seit meinen ersten Weinseminaren sind nun schon gut 20 Jahre vergangen. Doch haben mich diese außergewöhnlichen Erfahrungen mit dem Wein nie wieder losgelassen. Später habe ich dann ein eigenes Weinseminar konzipiert. Meine Überlegung dabei war, dass die Teilnehmer neben Wissenswertem über den Wein und natürlich ausführlichen Verkostungen auch Einblicke in die biblische Weingeschichte bekommen sollten. Als ich dann mein erstes eigenes Seminar an der Volkshochschule in Trossingen in Baden-Württemberg hielt, war es fast wieder wie damals, als ich während

meines Theologiestudiums selbst als Teilnehmer in diesem etwas kahlen Seminarraum hockte. Kaum hatte ich den Projektor, die Gläser, die Deko und
das Weinzubehör aufgestellt und begonnen, über den Wein zu sprechen,
veränderte sich die Atmosphäre im Raum. Es stellten sich wieder diese be-
glückenden Momente ein, die ich nun mit meinen Zuhörern teilen konnte.

## DIE FARBE DES WEINES LESEN[33]

Besonders gut sind mir die Abende in Erinnerung geblieben, an denen es um
die Farbe des Weines ging. Die Teilnehmer erhalten dann immer ein weißes
Blatt und dürfen nun ein gefülltes Glas etwas schräg über das Blatt halten.
Das ist ein gutes Hilfsmittel, mit dem man – gute Beleuchtung von oben vorausgesetzt – die Farbnuancen besonders klar erkennen kann.

Es ist erstaunlich, was man anhand seiner Farbgebung über einen Wein
herausfinden kann. Sie erzählt uns unter anderem, welche Qualität die Trauben ursprünglich hatten, von der Art, wie der Wein gemacht wurde, und sogar vom Alter des Weines.

*Die Farbe des Weins erzählt uns von Alter und Machart des Weins und von der Qualität der Trauben.*

Ein einwandfreier Wein besitzt eine spiegelnde Oberfläche, er ist klar oder funkelt kristallartig, wenn Sie ihn gegen eine Lichtquelle halten. Ist der Wein unsauber, hat er eventuell eine Eintrübung, die nicht zu verwechseln ist mit dem sogenannten Depot. Die Unterschiede sind folgende: Beim Depot sinken die Partikel nach einiger Zeit ab, bei der Trübung bleibt der Schleier bestehen. Depot entsteht durch ausgeflockte Gerb- und Farbstoffe bei alten Weinen und hat keinen Einfluss auf die Qualität. Nach sorgfältigem Dekantieren, also dem Umfüllen in eine Karaffe, bleibt der Wein klar. Eine Trübung weist dagegen auf aktive Bakterien infolge ungenügender Filterung oder zu warmer Lagerung hin.

## Wissensbox
## FARBTIEFE BEIM ROTWEIN

- Dunkel, dicht: körperreiche und zugleich gerbstoffreiche Weine aus reifen Trauben wie etwas Cabernet Sauvignon, Syrah oder Zinfandel.
- Mittel: Weine mit etwas weniger Körper wie Spätburgunder, Zweigelt oder Portugieser.
- Schwach, blass: Weine mit wenig Körper. Mögliche Gründe: hoher Ertrag, kurze Reifezeit oder klimatisch schlechtes Jahr.

Im Gegenlicht können Sie auch die Perlage beurteilen. Kleine Luftblasen am Rande des Glases sind ein Zeichen für einen gewissen (natürlichen!) Kohlen-

säuregehalt im Wein. Das ist nicht negativ – im Gegenteil, der Wein wirkt dadurch frischer. Manche müden Weine werden sogar durch künstliches Hinzufügen von Kohlensäure aufgepeppt.

Wenn Sie das Glas schräg in der Hand halten und von oben gegen ein weißes Blatt oder Tischtuch betrachten, können Sie die Weinfarbe besser einordnen. Im Zentrum des Glases betrachtet man die Tönung beziehungsweise Konzentration, am Rand die Farbtiefe, die allerdings hauptsächlich bei Rotwein eine Rolle spielt.

## *Wissensbox*
# FARBTÖNUNG BEIM ROTWEIN

**Die Farbtönung weist auf Alter, Jahrgang, Traubensorte, Herkunft und Verarbeitungstechnik hin. In seiner Jugend ist der Wein kirschrot oder purpur. Mit fortschreitendem Alter verschwindet der Blauanteil, und die Brauntöne werden intensiver.**

**Einige Rebsorten wie Merlot, Grenache, Nebbiolo und Sangiovese weisen bereits nach ein paar Jahren Flaschenreife einen bräunlichen Rand (orange) auf.**

- Tintenfarben, kirschrot: Junge, konzentrierte Weine. Cabernet Sauvignon, Syrah, Shiraz, Nebbiolo.
- Purpurrot: meist junge Weine. Die folgenden Rebsorten weisen zudem einen hohen Violettanteil auf: Gamay aus dem Beaujolais und Dolcetto aus dem Piemont.
- Rubinrot: deutlich reduzierter Gelbanteil. Oft Rotweine, die gerade reifer werden. Zum Beispiel deutscher Spätburgunder. Noch farbintensiver: Chianti aus der Toskana mit hohem Sangioveseanteil und Weine aus dem Bordelais.
- Granatrot: Der Gelbanteil und die Reife nehmen zu.
- Ziegelrot: ins Orangefarbene gehendes Rot. Trinkreife Weine.

- Kupferrot: meist Wein, der deutlich in die Jahre gekommen ist. Die Farbe stammt von den oxidierten Gerbstoffen.

In unserem Seminarraum untersuchen alle Teilnehmer eifrig verschiedene Weine auf ihren Farbton hin und das Ganze löst regelmäßig einen großen Aha-Effekt bei vielen aus. Später dann, in einem kleinen Wein-Quiz, weiß keiner, was er im Glas hat. Jeder soll anhand des Gelernten etwas über den Wein aussagen. Nach anfänglichem Zögern kommen meist beachtliche Aussagen mit hoher Trefferquote zustande – nur, durch die Einheit über die Farbnuancen von Wein.

Der Wein offenbart uns anhand der Farbe viel über seine Herkunft. Er gewährt uns buchstäblich tiefe Einblicke in sein innerstes Wesen. Ich habe noch gut vor Augen, dass auch die Gespräche untereinander an diesem Abend besonders in die Tiefe gingen. Wir trennten uns erst kurz vor Mitternacht. Wie gut, dass der Hausmeister mir netterweise den Schlüssel für die Räumlichkeiten überlassen hatte ...

## DIE ZWEI SEITEN DES WEINGENUSSES

Was doch die Farbe des Weines so alles auslösen kann. Ich fragte mich: Gibt es nicht eine Stelle im Alten Testament, die sich ebenfalls mit der Weinfarbe beschäftigt? Ich musste eine Weile suchen, dann wurde ich fündig.

*Sieh den Wein nicht an, wenn er so rötlich schimmert, wenn er im Becher funkelt und leicht hinuntergleitet.*

Sprüche 23,31; ELB

## Je länger ein Winzer die Traubenschalen mitvergärt, desto kräftiger und tiefer wird die Farbe.

Dieser Text bremst nun erst einmal alles richtig aus. Da ist nicht mehr viel übrig von tiefen Offenbarungen, die das Herz erwärmen. Hier spricht ein weiser Mensch von einer gänzlich anderen Erfahrung mit der Farbe des Weines. Lässt man die Sache mit der Verlockung einmal außen vor, klingt die Beschreibung des Weines in dieser Stelle zunächst ganz ansprechend. Ich stelle mir das gefüllte Glas vor. Der Wein schimmert in einem wunderschönen roten Ton. Voll, aber dezent ist die Farbe. Er hat genau das richtige Alter. Er wirkt nicht müde und matt, sondern strahlend.

Wäre es ein deutscher Wein, so würde ich auf einen drei- bis fünfjährigen Spätburgunder tippen. Wie ich darauf komme? Es gibt Rebsorten, die haben eine kräftige dunkle Schale. Die Farbe des späteren Weines wird während der Vergärung aus der Traubenschale gezogen. Wenn Sie sich das nächste Mal rote Trauben kaufen, sehen Sie sich das Fruchtfleisch genauer an. Sie werden feststellen, es ist ganz hell. Presst man diese Trauben ab, hat man zunächst einen hellen Traubensaft. Man könnte also auch Weißwein daraus keltern.

Erst, wenn die Hefen zu arbeiten anfangen und den Traubenzucker in Alkohol und Kohlensäure umwandeln, geht die Farbe aus den Schalen in den Wein über. Je länger ein Winzer die Traubenschalen mitvergärt, desto kräftiger und tiefer wird die Farbe. Der Spätburgunder – übrigens eine der ältesten und edelsten Kulturreben überhaupt – besitzt eine relativ hellrote und dünne Schale. Da könnte man also noch so lange mit den Schalen vergären, die Farbe würde nicht viel kräftiger werden. Der Wein würde eher Bitternoten bekommen. Und wer will das schon?

## FARBTÖNUNG BEIM ROSÉWEIN

- Rosa mit Graustich: junge, einfachere Weine, die nur kurz mit den Traubenschalen vergoren wurden. Weinbeispiel: Listel (Rosé aus Südfrankreich).
- Himbeerton: junge fruchtbetonte Weine, die etwas länger mit den Traubenschalen Kontakt hatten. Weinbeispiel: Spätburgunder Rosé von der Ahr.
- Lachsfarben: kräftiger, leicht gereifter Rosé. Weinbeispiel: Rosé aus der Provence.

Heute sind Rotweine beliebt, die schön vollmundig sind und eine kräftige Farbe besitzen, hellere Weine dagegen weniger. Ich vermute, solche Trends, die mal mehr das eine und mal mehr das andere bevorzugen, gibt es schon so lange die Menschheit Wein keltert.

Ich sehe noch einmal den Wein aus dem Buch der Sprüche vor mir. Offensichtlich war seine Machart damals sehr beliebt bei den Kunden. Etwas heller, aber dafür wunderbar glänzend und funkelnd im Glas. Richtig ver-

lockend. Für manche Zeitgenossen wohl zu verlockend, um nicht ein paar Schoppen mehr davon zu genießen, als einem wirklich guttut. Dazu war er auch noch schön weich und kratzte nicht im Hals. Vielleicht saß der Autor der Zeilen aus dem Buch der Sprüche des Öfteren mit an einem Tisch, an dem die Nachbarn durch den unbeherrschten Weingenuss immer unangenehmer wurden.

Wir kennen das auch, so eine lustig heitere Runde, bei der die Stimmung von echter Freude bald kippt. Das könnte sich so abspielen: Einer lacht hysterisch auf und kann sich gar nicht mehr beruhigen. Ein anderer redet und redet und trotzdem versteht man durch sein Gelalle nur wenig. Er haucht seinen Tischnachbarn vielleicht alkoholgeschwängerten Atem entgegen und verliert dabei jegliche Distanz. Weil sich die angewidert abwenden, wird der Zecher noch aggressiv und schlägt unvermittelt um sich.

Schaut man nun aus sicherer Entfernung noch einmal genauer in die Runde, erkennt man deutlich diejenigen, die wohl oft hier saßen und zu viel tranken. Aufgedunsene Gesichter, ungepflegte Erscheinung, geplatzte Äderchen lassen Nase und Wangen unnatürlich rot erscheinen. Alles typische Anzeichen einer Alkoholsucht. Menschliche Schicksale, die von selbst keinen Ausweg mehr aus dem Dilemma finden.

So oder so ähnlich könnte auch die Erfahrung des Sprüche-Schreibers gewesen sein. Es tat ihm wahrscheinlich in der Seele weh, wie sehr diese Leute litten – und auch ihr familiäres Umfeld. Das hatte nichts mehr mit Genießen und erstaunten Entdeckungen über den Wein anhand seiner Farbe zu tun. Vielleicht hatte er immer wieder versucht zu helfen. Begab sich deshalb absichtlich in die feuchtfröhliche Runde, um den ein oder anderen zur Vernunft zu bringen. Und so sprach er schließlich diese Warnung aus. Er richtete sie an alle, bei denen es noch nicht zu spät war, und forderte sie dazu auf, nachzudenken, ob und wann Genuss zur Sucht wird und Charakter und Leben zerstört.

Es gibt – wie so oft im Leben – immer zwei Seiten. Da ist der Wein keine Ausnahme. Wir können ihn entdecken, bewundern und fröhlich genießen.

Dabei entstehen oft die angenehmsten Gespräche. Wir können den Wein aber auch missbrauchen, indem wir ihn ohne Maß in uns hineinbechern. Nicht selten in der Hoffnung, auf diese Weise unsere Sorgen und Nöte loszuwerden. Am Anfang hebt der Wein die Stimmung positiv an, doch im Laufe des starken Zuspruches offenbaren sich sämtliche Seiten unseres Innenlebens, die wir vorher gut verbergen oder im Zaum halten konnten. So wie die Farbe des Weines viel über seine Herkunft preisgibt, so zeigt der häufige Missbrauch von Wein die Untiefen der Seele auf.

Aber es ist mir wichtig, an dieser Stelle zu betonen, dass zunächst einmal grundsätzlich nichts gegen Weingenuss zu sagen ist. Und jetzt leg ich noch eine Schippe drauf: Es spricht darüber hinaus prinzipiell nichts gegen die berauschende Wirkung des Weines. Auch nicht aus Sicht der Bibel! An vielen Stellen wird diese Wirkung nicht

*Gott traut es uns zu, beim Genießen umsichtig und respektvoll mit dem Geschenk Wein umzugehen, das er uns gemacht hat.*

nur in Kauf genommen, sondern als durchaus erwünscht für das Gemüt und den gemeinschaftsfördernden Aspekt gesehen.[34]

Nur weil die Gefahr der Maßlosigkeit besteht, müssen wir nicht gänzlich auf das Weintrinken verzichten. Ich denke, Gott traut es uns zu, beim Genießen beide Seiten im Blick zu behalten und respektvoll mit dem Geschenk umgehen, das er uns mit dem Wein gemacht hat.

## Wissensbox

## FARBTÖNUNG BEIM WEISSWEIN

- blasses Graugelb: junge, eher einfache Weine.
- blasses Gelbgrün: junge Weine, die früh gelesen wurden. Manchmal aus weniger geeigneten klimatischen Zonen. Beispiele für Rebsorten: Grüner Veltliner, Riesling.
- helles Goldgelb: Diese Farbe verleiht dem Wein einen goldenen Glanz. Oft ein Indiz für vollreifes Lesegut.
- Goldgelb: Weißweine mit gewisser Reife (ab drei Jahren Flaschenreife) oder Weine, die im neuen Holzfass vergoren und/oder gereift wurden.
- tiefes Goldgelb: hoch konzentrierte Weine wie zum Beispiel Auslesen, die aus teilweise mit Botrytis befallenen Trauben gemacht werden.
- Altgold: Ein dunkler Goldton, der typisch ist für langjährig gereifte Weine mit hohem Restzucker, wie Beerenauslesen.
- Gelbbraun: deutet bei trockenen Weinen auf Überalterung hin, ansonsten auf Weine, die bei der Reifung viel Sauerstoffkontakt hatten. Weinbeispiele: Sherry (Spanien), Madeira (Portugal), Tokajer (Ungarn).
- Braun: nicht mehr genießbarer Wein, der im Laufe der Jahre zu viel Sauerstoffkontakt hatte.

### GELÖSTE ZUNGEN UND OFFENE OHREN

Um noch einmal auf meine Weinseminare zurückzukommen: Es gab im Rückblick gesehen keinen einzigen Abend, an dem das Weintrinken jemals aus dem Ruder gelaufen wäre. Aber beim Genießen sind wir einander nähergekommen. Wir haben uns gegenseitig tiefere Einblicke in unser Leben gewährt. Die Zungen waren gelöst für große Offenheit. Mitten in diese Tiefe konnte Gott hineinkommen und wirken.

Sie können sich sicher vorstellen, dass ein zentrales Ziel meiner Weinseminare war, die Teilnehmer auch zum Nachdenken über den Glauben anzuregen. Aber ich musste beschämt feststellen, wie kleingläubig ich im Grunde genommen bei dieser Zielsetzung war. Niemals hätte ich zum Beispiel damit gerechnet, welches Staunen über die Schöpfung die gemeinsame Analyse des Farbspiels im Weinglas auslösen kann. So sprachen wir im Laufe der Seminarabende nicht mehr nur über die Farbe des Weines und seine sonstigen Vorzüge. Gott kam uns in dem gemeinsam erlebten Wunder des Weines nahe. Spürbar trat er in unsere Mitte.

Um es mal etwas provokant zu formulieren: Ich habe an diesem Abend Jesus deutlicher erlebt als bei vielen Gemeindeveranstaltungen zuvor, wo wir intensiv um die Gegenwart Gottes gebetet hatten. Könnte es vielleicht daran liegen, dass wir Jesus genau dort angetroffen haben, wo er sich bevorzugt aufhielt? Nämlich mitten unter den »Zöllnern und Sündern« und nicht in den geschützten Räumen und »heiligen Hallen«, in denen wir uns zuweilen vor der Außenwelt verschließen?

Ganz ehrlich? Immer wieder, wenn ich mir eine solche Szene bildlich vorstelle und die Verbindung zu dem selbst Erlebten herstelle, geht mir das Herz auf. Und ich freue mich schon auf die nächsten Seminarabende, bei denen Leute, die bisher mit Gott ganz und gar nichts am Hut hatten, plötzlich aus dem Staunen nicht mehr herauskommen.

SECHS

# WAS FÜR EIN AROMA

## *Wunder in der Schöpfung entdecken*

*Wein ist ein Wunder. Das stellt man spätestens dann fest, wenn man seine Nase ins Glas steckt. Wein birgt eine schier unendliche Aromenvielfalt. Er ist so vielfältig wie unser Leben, so kreativ und verschwenderisch wie unser Gott.*

Man kann über eBay denken, wie man will, manchmal findet sich tatsächlich ein wahrer Schatz unter den ersteigerten Gütern. So erhielt ich eines Abends den Zuschlag und stieg am nächsten Tag gespannt mit dem Anbieter in seinen Keller hinab. Er erzählte mir beim Aufschließen des großen Abteils, dass er Wein geerbt habe und nichts damit anzufangen wisse. »Was für ein Glück für mich«, dachte ich, »dass sich dieser Mann nichts aus gutem altem Wein macht.«

*Was für ein Glück für mich, dass sich dieser Mann nichts aus gutem altem Wein macht.*

Ich wischte den Staub von der Flasche und nahm das Etikett unter die Lupe. Genau, wie erhofft, ein wunderbarer Wein aus Bordeaux – und dann auch noch aus meinem Geburtsjahr! Ich hielt die Flasche gegen das Licht. Deutlich sichtbare alterstypische Ablagerungen[35], aber keine unnatürliche Trübung. Der Füllstand war nach dieser langen Lagerzeit auch noch hervorragend – ja, ja, ich weiß, ich bin halt nicht mehr ganz so jung. Aber sicher gut gereift und in bestem Zustand, wie dieser Tropfen …

Schon bald nahm ich mir vor, ihn mit meiner Frau und lieben Freunden zu öffnen. Ich brachte ihn vorsichtig wie ein rohes Ei nach Hause und gewährte ihm einen Ehrenplatz im Kellerweinregal. Dort lag er dann ein paar Jahre, denn die passende Gelegenheit zum feierlichen Öffnen wollte sich nicht bieten. Schlussendlich überlebte er unbeschadet zwei Umzüge. Dann aber fasste ich den festen Entschluss. Diesmal sollte er dran glauben, ob mir der Anlass nun angemessen genug erscheinen würde oder nicht.

Die Kerzen waren angezündet, ein festliches Essen duftete uns entgegen. Mein Geburtstag. Es war zwar kein runder, aber ich hatte ja einen Entschluss gefasst. Ich hatte mich gut vorbereitet. Die Flasche war entstaubt und der ebenfalls in die Jahre gekommene Korken vorsichtig entfernt. Gott sei Dank, er war nicht in seine Bestandteile zerfallen. Die Korkbrösel hätten mir sonst den Wein vermiest. Vorsichtig füllte ich das Schätzchen über Kerzenlicht in eine Karaffe um. Rechtzeitig, bevor das Depot mit in die Karaffe gelangen konnte, stoppte ich den schwierigen Vorgang des Umfüllens.

## DAS WEINDEPOT

Depot nennt man den Bodensatz, den man bei gereifteren Rotweinen vorfindet. Nach längerer Lagerung setzen sich Farb-, Gerb- und Mineralstoffe als feste Teilchen ab. Bei unfiltrierten, hochwertigen Weinen ist dies typisch. Das Depot ist zwar nicht gesundheitsgefährdend, trübt aber im wahrsten Sinne des Wortes deutlich den Weingenuss. Deshalb dekantiert man ältere Rotweine. Das heißt, man füllt sie wie oben beschrieben in eine Karaffe um und trennt damit den Wein vom Depot. Eine kleine Menge Restwein muss man dabei allerdings opfern und belässt ihn in der Flasche.

Eintrübungen sind im Gegensatz zum Depot Weinfehler, die die Qualität negativ beeinflussen. Ursache können Mikroorganismen wie Hefen beziehungsweise Bakterien sein oder unerwünschte Fremdstoffe und chemische Reaktionen. Unsorgfältige Arbeit im Keller oder bei der Abfüllung sind die häufigsten Gründe für Eintrübungen. Sie sind – Gott sei Dank – eher selten, aber der Wein ist in der Regel ungenießbar.

Nun musste er bald genossen werden, denn alter Wein kann zwar in Kontakt mit Sauerstoff noch einmal richtig aufblühen, aber ebenso schnell auch ausgezehrt und leblos schmecken. Aber es war alles gut gegangen. So fand er schließlich den Weg in unsere Gläser und stand mit einem reifen, aber großartigen Farbton vor uns.

Ich nahm das Glas andächtig in meine Hand und stieß mit meinen Gästen an. Nun war dem Anstand Genüge getan, ich musste jetzt dringend meine Nase in den Wein hängen! Ich ließ meinen Emotionen freien Lauf, schwenkte das Glas und schnüffelte tief hinein. Meine Augen wurden feucht. Nicht etwas, weil der Wein schon am Verblühen war – ganz im Gegenteil. Ich hatte die Noten eines herausragenden gereiften Tropfens in der Nase, wie sie nur die großen Meister der Weinkunst mit ihren besten Weinbergslagen schaffen können. Ich war völlig hin und weg. Mein Geburtsjahrgang war zwar nicht das allerbeste Weinjahr gewesen, aber man merkte, dass hier jemand sein Handwerk verstanden und das Optimum herausgeholt hatte.

Haben Sie schon einmal einen Wein aus Ihrem Geburtsjahr genossen? Ich weiß, es ist ein Luxusthema und nicht überlebensnotwendig. Aber wenn sich je die Gelegenheit bietet, sollten Sie das unbedingt tun. Ich bin im Nachhinein froh und dankbar, dass ich auf diese Weise noch einmal die Bekanntschaft mit meinem Geburtsjahr machen durfte. Bevor ich den Wein meinem Gaumen gönnte, hatte ich bewusst versucht, zuerst seine Geschichte beim intensiven Riechen nachzuspüren. Ich finde es faszinierend, einem der größten Wunder aller Zeiten auf diese Weise ganz nah zu kommen.

*Wissensbox*

# DER DUFT DES WEINES[36]

**Die Voraussetzung, um Wein optimal im Geruch wahrnehmen zu können, sind zunächst einmal passende Gläser. Dazu mehr in Kapitel 4. Bevor man sich den einzelnen Aromen widmet, versucht man, die Weine zu beurteilen hinsichtlich ihrer:**

- Reintönigkeit: Der Wein weist keine störende Fremdgerüche auf (übermäßige Holznote, chemische Gerüche, alter Lappen), die den sortentypischen Duft negativ beeinträchtigen.
- Intensität: Riecht man keine Aromen, kann das bei einem gereiften Wein auf zu hohen Ertrag oder eine neutrale Rebsorte hinweisen. Auch bei sehr jungen Weinen kann der Duft noch verschlossen sein.
- Qualität: Weine aus einfachen Rebsorten oder minderwertigeren Lagen kann man mit etwas Training am eindimensionalen und zu verhaltenen Dufteindruck erkennen.

Jeder anständige Tropfen verdient es, zunächst einmal mit der Nase ergründet zu werden, nicht nur die großen Weine der Welt.

## GERUCHSKOSMOS WEIN

Nun fragt sich vielleicht mancher, warum man Wein nicht einfach beim Trinken genießen kann, ohne vorher lang hineinschnüffeln zu müssen. Man schmeckt doch schließlich auch, ob ein Wein gut ist oder nicht. Natürlich, dem stimme ich voll und ganz zu. Dennoch weiß ich, dass man einiges verpasst, wenn man direkt mit dem Trinken loslegt. Geruchsaromen erzählen uns viel über den Wein und seine Geschichte. Ist unser Geruchssinn intakt, kann man einen ganz neuen Kosmos entdecken! Viele Aromen nehmen wir hauptsächlich über unsere Nase wahr. Sie ist ein richtiges Wunderwerk der Schöpfung. Gott hat seine ganze Kreativität investiert, um uns mit wunderbaren Düften zu beschenken.

Gerüche sind wichtig, denn sie sind eng mit unserer Erinnerung an vergangene Ereignisse verknüpft. Sicher kennen Sie das: Sie riechen zum Beispiel den Duft von Zimtsternen und stehen in diesem Moment wieder in der Küche Ihrer Oma, die gerade diese köstlichen Schätze backt.

Es gibt jedoch Menschen, die darunter leiden, nur wenig Gerüche wahrnehmen zu können. Ein guter Freund von mir hat dieses Handicap schon seit frühester Jugend. Auslöser war ein im Verlauf chronisch gewordener Katarrh. Schon aus Gewohnheit fragte ich ihn, wenn ich gekocht und guten Wein eingeschenkt hatte, ob es ihm schmeckt. Das war natürlich unbedachter Unsinn. So antwortete er: »Meinetwegen brauchst du eigentlich gar keinen so guten Wein aufmachen, ich merke sowieso keinen Unterschied zum günstigen Discounterschoppen.« Armer Kerl. Die höchsten Genüsse bleiben ihm verborgen, auch wenn er sich damit gut arrangiert hat.

Damit bin ich bei einem weiteren wichtigen Aspekt des Geruchssinnes, denn Geruchs- und Geschmackssinn sind eng verbunden. Legen Sie das Buch einmal kurz beiseite. Suchen Sie sich eine Wäscheklammer und klemmen Sie sich damit die Nase zu. Und nun trinken Sie einen Schluck Wein. Was schmecken Sie? Sie schmecken im besten Fall noch das, was die Zunge allein zustande bekommt: nämlich den Unterschied zwischen salzig, süß, sauer und bitter.[37]

Jetzt nehmen Sie die Klammer wieder weg und nehmen noch einmal einen Schluck Wein in den Mund. Auf einmal ist alles da. Der Gaumen wird positiv angeregt durch die vielen wahrnehmbaren Aromen.

## DIE HOHE KUNST DES RIECHENS

**Degustationstechnik:**

- Glas mit den Fingern am Fuß nehmen, an die Nase führen, Nase in das Glas, sich auf den ersten, flüchtigen Eindruck konzentrieren. Erinnert Sie das Bukett (also der Geruch des Weines) an Blumen oder Früchte? Können Sie Röstnoten riechen oder Vanille (ein Hinweis auf die Lagerung in neueren Holzfässern)? Gibt es störende unangenehme Geruchseindrücke?
- Glas leicht schwenken und versuchen, weitere Aromen zu erschnüffeln. Dazu mehrmals stoßartig Luft einatmen.
- Kräftiges Schwenken kann noch weitere, schwerere Aromastoffe freisetzen.

## DAS AROMA – EIN GESCHENK GOTTES

Die Fähigkeiten unserer Nase erstaunen mich immer wieder. Vor Jahren durfte ich einmal bei einem Brennmeister zusehen, wie er einen Kirschbrand destillierte. Der ganze Raum war geschwängert von dem angenehm fruchtig-süßen Duft. Ich durfte anschließend den noch leicht warmen Brand probieren, bevor er auf Trinkstärke verdünnt wurde. Ich wollte schon das Glas an den Mund führen, da hielt er meine Hand fest. »Noi, no et«, sagte er im breitesten Schwäbisch, »erscht amol musch dei Noos in des Gläsle stecke!« Für alle Nichtschwaben hier kurz übersetzt: »Nein noch nicht! Zuerst einmal musst du deine Nase in das Glas stecken!« Ich sollte also zuerst einmal daran riechen. Er klärte mich dann im Verlauf der Verkostung auf, dass bei einem guten Obstbrand der Geruch der Aromen mindestens 70 Prozent des

Genusses ausmacht. Bei einem hochwertigen Brand kann man übrigens selbst im längst geleerten Glas nach ein paar Stunden noch die Fruchtaromen deutlich wahrnehmen.

Später, als ich mich intensiver mit dem Thema Wein beschäftigte, stellte ich fest, dass diese Erfahrungsweisheit für den Wein in gleicher Weise zutrifft. Deshalb nehme ich mir seit der Begegnung mit dem Meister der Spirituosen ganz bewusst Zeit, zuerst die Nase ins Glas zu stecken, bevor ich den Wein probiere.

Es gibt meines Wissens keine Stelle in der Bibel, die sich explizit mit dem Geruch des Weines auseinandersetzt. Ich habe aber einen Vers vor Augen, der trotzdem hervorragend die Thematik unterstreicht.

*Schmeckt und seht, dass der Herr gut ist. Freuen darf sich,*
*wer auf ihn vertraut!*

Psalm 34,9

Im Textzusammenhang erzählt der Psalm von David, der aus großer Gefahr gerettet wurde. Diese Erfahrung der unmittelbaren Hilfe und Nähe Gottes war für ihn so eindrücklich, dass er sie unbedingt mit anderen teilen wollte. Er ermutigte seine Zuhörer, sich ebenfalls voll und ganz auf Gott zu verlassen. So beschreibt David die Unterstützung Gottes, die ihm sein Leben bewahrten, nicht nur als deutlich sichtbar, sondern darüber hinaus als regelrecht schmeckbar. Damit will er offensichtlich ausdrücken, dass er seine Errettung aus Todesnot mit allen Sinnen wahrnehmbar erfahren hatte. Gott wendet sich dem zu, der fest mit ihm rechnet. Das gilt nicht nur für die beschriebenen Notsituationen, sondern generell in allen Lebenslagen.[38]

Ich nehme mein Glas in die Hand. In kräftigem Rot schimmert mir der Wein entgegen. Ich weiß, ich werde ihn gleich auf der Zunge schme-

»Schmeckt und seht«, das heißt: Nehmt mit allen Sinnen wahr, wie genial unser Gott ist!

cken und freue mich schon darauf. Ich schwenke das Glas und rieche hinein. Erst im Zusammenwirken von Nase und Zunge zeigt der Wein sein ganzes Spektrum an Aromen. Bei der Geschichte von Davids Rettung spielte das Zusammenwirken der Sinnesorgane eine ebenso wichtige Rolle. »Schmeckt und seht«, das heißt: Nehmt mit allen Sinnen wahr, wie genial unser Gott ist! Oder eben auch so: Schmeckt und riecht und erfahrt darin, wie Gott uns beschenkt!

---

## *Wissensbox*

# AROMENVIELFALT IM WEIN

**Am häufigsten riechen wir Aromen, die uns an bestimmte Früchte erinnern. Aber auch nussige Aromen oder Gewürze sind dabei:**

- Erdbeeren (Roséweine)
- Himbeeren (junge Spätburgunder)
- Schwarze Johannisbeere (Cabernet Sauvignon – Bordeaux)
- Kirsche (Lemberger)
- Pflaume (viele große extraktreiche Rotweine)
- Pfirsich (Riesling), Birne (Chardonnay)
- Apfel (Riesling, Chardonnay)
- Zitrusfrüchte (Riesling, Scheurebe)
- Ananas, Banane (in jungen Weinen, Chardonnay)
- Mango (Riesling, Grauburgunder)
- Trockenfrüchte (edelsüße Weine wie Auslese, Beerenauslese, Trockenbeerenauslese)
- Haselnuss (Weißburgunder)
- Feige (alte Weine mit Edelfäule)
- Muskat (Rivaner, Silvaner, Rieslaner, Muskateller)
- Pfeffer (Silvaner, Grüner Veltliner)

---

Wenn ich es recht überlege, wünsche ich mir nicht unbedingt eine Notsituation, um Gott wahrnehmen zu können. Darauf legt auch sonst sicherlich niemand einen gesteigerten Wert. Es ist zwar wohltuend, zu wissen, dass Gott in großer Not erfahrbar ist, aber er ist es durchaus auch in scheinbar kleinen Dingen. So zum Beispiel im Duft eines Weines.

Das hängt für mich unter anderem mit der enormen Aromenvielfalt zusammen, die man sensorisch im Wein feststellen kann. Jede Rebsorte hat einen für sie typischen und wiedererkennbaren Geruch. Silvaner duftet zum Beispiel oft nach Äpfeln oder Birnen und ganz besonders nach dem Boden, auf dem er gewachsen ist. Bei jedem Jahrgang können Duft und Geschmack überraschend variieren. Je hochwertiger der Wein ist, desto vielseitiger zeigt sich seine Duftaromatik.

Mir passiert es immer wieder, dass ich bei einem Wein zunächst nur bestimmte Früchte wiedererkenne. Wenn ich aber weiterrieche, duftet er plötzlich nach frischen Kräutern und später nach nassem Stein oder feuchter Erde. Wie kann das sein? Chemisch betrachtet ist Wein nur Äthylalkohol in einer wässrigen Lösung aus Zucker, Säure, Mineralien, Gerb- und Aromastoffen und ein paar Vitaminen. Der Löwenanteil ist dabei Wasser. Wir trinken, wenn wir Wein genießen, demnach schlicht und ergreifend Wasser vermischt mit winzigen Spuren anderer Stoffe. Analysen haben dabei gezeigt, dass die für den Duft verantwortlichen Stoffe nur in kleinsten Mengen im Wein vorhanden sind, nur zu 0,02 Prozent. Dass diese geringen Bestandteile ausreichen, um einen ganzen Strauß an wunderbaren Aromen hervorzubringen, die unsere Fantasie und Erinnerung anregen, ist ein Wunder. Für mich ist diese Tatsache allein schon genug, um glauben zu können, dass Gott existiert.

Gibt es etwas Schöneres und Ansprechenderes als einen genussvollen Gottesbeweis? Einer, der

*Gibt es etwas Schöneres und Ansprechenderes als einen genussvollen Gottesbeweis?*

sich so etwas wie die Existenz von Wein ausgedacht hat, kann nur ein unglaublich liebevolles und zugleich kreatives Wesen sein. Jesus hat Gott den Menschen oft am Beispiel des Weines nahegebracht. Manchmal muss man eben – im wahrsten Sinne des Wortes – mit der Nase draufgestupst werden, um das Wunder der Schöpfung erkennen zu können.

# SCHLÜRFEN ERLAUBT

## Alles eine Frage des Geschmacks

*Wer hat uns eigentlich eingetrichtert, dass Schlürfen unanständig ist? Schlürfen ist Brücke, mit der wir unseren Geschmacks- und unseren Geruchssinn verbinden.*

Waren Sie schon einmal bei einer professionellen Weinverkostung? Nicht? Bitte folgen Sie mir. Wir besuchen eine Unterrichtseinheit in meiner ehemaligen Ausbildungsstätte für Sommeliers.

Wir kommen im Seminarraum an. Ein herzliches Hallo untereinander. Jeder, der hier ist, freut sich auf das, was in den kommenden Stunden passiert. Wir nehmen Platz. Vor uns liegen Seminarunterlagen und ein Stift. Daneben ein DIN-A4-Papier, auf dem sechs schwarze Kreise aufgemalt sind. Jeder Kreis ist mit einer Nummer versehen. Und am Boden zwischen unseren Stühlen steht ganz dezent ein kleiner schwarzer Eimer, der mit einer Art

*Wir heben unsere Gläser gegen das Licht, betrachten die Farbe, schwenken sie, schnüffeln ausgiebig hinein.*

Trichter verschlossen ist. Nun werden Gläser verteilt und es wird klarer, was es mit dem Papier auf sich hat: Auf jedem Kreis wird ein Glas platziert.

Nun geht es los, der Beamer leuchtet auf und informiert uns, dass wir uns heute mit dem Weinland Spanien beschäftigen. Der Seminarleiter begrüßt alle Teilnehmer und heißt die Neuen herzlich willkommen. Seinem Bauch nach zu urteilen, versteht er einiges von dem, was er uns gleich vermitteln will. Mit seiner rauen Stimme und seiner ganzen Art erinnert er an einen kräftig gebauten Flamencosänger – wenn da nicht der bayerische Akzent wäre. Er spricht mit sonorer, etwas rauchiger Stimme über das Land, die verschiedenen Weinbauregionen und zeigt zwischendurch zur Veranschaulichung ein paar Bilder. Wir sind begeistert von seiner humorvollen Art. Wir tauchen richtig ein in die Thematik und die Zeit vergeht wie im Fluge. Der Nachbar am Nebentisch macht eine belustigte Trinkbewegung und erinnert uns daran, dass der Abend bis dato recht trocken war.

Das hat der »bayerische Spanier« bemerkt und sagt: »Ihr werds scho no g'nug probier'n heut, kei Sorg!« Der ganze Raum füllt sich mit schallendem Gelächter. Er holt Flaschen aus dem Klimaschrank nebenan und bittet einige Teilnehmer, beim Öffnen zu helfen. Das steigert nicht nur die Vorfreude, sondern trainiert darüber hinaus die Geschicklichkeit im Umgang mit dem Korkenzieher. Nach einer kleinen Austauschrunde und Wiederholungen zum Thema, geht es dann endlich los.

Die Gläser werden mit verschiedenen typischen Weinvertretern gefüllt. Zuerst drei Weiße, später folgen drei Rote. Wir heben unsere Gläser gegen das Licht, um die Farbe zu betrachten, schwenken sie und schnüffeln schließlich ausgiebig hinein. Die Ersten nehmen einen kleinen Schluck in den Mund. Nun kommen Schlürf- und Schmatzgeräusche aus allen Ecken. Von dezenter Zurückhaltung keine Spur. Dazwischen werden Kommentare und Einschätzungen in den Raum geworfen. Wir machen mit und jäh landet ein Schwall Rotwein auf dem weißen Hemd. Es bedarf wohl doch einiger Übung, um beim Schlürfen alles im Mund zu behalten. Danach spucken wir ungeniert in den schwarzen Eimer. Jetzt wird uns endlich klar, welchen Zweck dieses Ding hat.

Mitten im schönsten Schlürfchor klopft es an der Tür. Eine Frau in Yogaklamotten schaut durch den Spalt herein. Sie hat sich offensichtlich im Stockwerk geirrt. Entsetzt starrt sie auf die schmatzenden Münder. Sie ist sprachlos. Zu guter Letzt entgleiten ihr völlig die Gesichtszüge, als sie jemanden beobachtet, der gerade seinen Wein einem der Spuckeimer zuführt. Ohne ein Wort zu sagen, schließt sie schnell die Türe. Das folgende Gelächter der Teilnehmer wird nur noch vom Seminarleiter übertönt. Prustend kommentiert er: »Do moan i, hamma wohl an ganz an guadn Eindruck hinterlassn. Do werd die Gnädigste no lang dran denkn.«

*Schlürfen ist das einzig Richtige, wenn man sich einem Wein annähern und ihn genießen möchte.*

Hat Ihnen unser kleiner Ausflug in die Welt der angehenden Sommeliers gefallen? Was die zufällige Zeugin der Schlürfgeräusche mitbekam, ist nichts Unanständiges. Mittlerweile denke ich mir selbst im Restaurant nichts mehr dabei, meinen Wein zu schlürfen. Es würde mir einen wichtigen Teil des Genusses und der Beurteilung des Weines vorenthalten, unterließe ich das Schlürfen aus Gründen der vermeintlichen Rücksichtnahme auf andere Gäste. Ganz im Gegenteil offenbart sich mangelnder Sachverstand bei allen, die nur vorsichtig am Glas nippen.

## DEN UNANSTÄNDIGEN GEHÖRT DER GESCHMACK

Schlürfen ist das einzig Richtige, wenn man sich einem Wein annähern und ihn genießen möchte. Das hat einen einfachen Grund. Der Geruchssinn und die Geschmacksknospen verbinden sich beim Schlürfen. Die eingesogene Luft ist sozusagen der Transmitter, der die Botschaft der Geschmacksnuancen in unser Gehirn überträgt. Wie Sie sich erinnern können, hatte ich diesen Sachverhalt im Kapitel über das Riechen schon mal erörtert. Zunge und Nase müssen sich zusammentun, um das ganze Spektrum des Geschmacks erleben zu können.

Sobald der Wein – wie einer meiner Weindozenten zu sagen pflegte – über die Zunge tanzt, bildet er Wellen, welche die Aromastoffe an die Luft in unserem Mund übertragen. Damit die Information im Gehirn auch ankommt, braucht es mehr Luft von außen, als in unseren Mund passt. Deshalb das Schlürfen. Bei richtig angewandter Technik saugt man stoßweise Luft durch den wie zum Kuss gespitzten Mund ein. Das erhöht den Wirkungsgrad enorm. Sofort werden sämtliche Aromen schmeckbar, die der Wein uns bisher vorenthalten hat. Durch die Wärme im Mund verstärkt sich die Wirkung noch. Der Wein gleitet über die Zunge und wird für den Genießer zur Offenbarung.

*Wissensbox*

## DIE SCHLÜRFTECHNIK DER PROFIS

Füllen Sie ein kleines Weinglas etwa zu einem Drittel mit leicht temperiertem Wasser (etwa 18 Grad). Am besten stellen Sie sich zum Üben im Bad ans Waschbecken und schauen dabei in den Spiegel. Nun nehmen Sie einen mittelgroßen Schluck Wasser in den Mund und heben den Kopf etwas nach oben. Spitzen Sie anschließend Ihre Lippen, als ob Sie pfeifen wollten. Wenn Wasser herausläuft, wissen Sie, warum Sie den Kopf etwas heben sollten. Nun saugen Sie zunächst vorsichtig und langsam Luft ein. Ein schlürfendes Geräusch sollte entstehen. Spüren Sie, wie das Wasser auf der Zunge in Bewegung kommt?

Wenn Sie das später mit Wein testen, werden Sie merken, wie der auf diese Weise mit Sauerstoff angereicherte Wein sein volles Aroma freigibt. Nun arbeiten Geschmacksknospen und Geruchssensoren zusammen und ergeben einen komplexen Gesamteindruck des Weines. Üben Sie ruhig so lange, bis es Ihnen gelingt, das Wasser beim Schlürfen vollständig im Mund zu behalten. Dann sind Sie bereit für den nächsten Schritt: Saugen Sie die Luft nun stoßweise und kräftig ein. Das intensiviert die Wahrnehmung des Weines. Sobald Sie das erste Mal trocken bleiben, können Sie mit Wein weiter üben.

# NACH DEM SCHLUCKEN KOMMT DER ABGANG

Vielleicht haben Sie die Schlürftechnik gleich ausprobiert und selbst erlebt, wie man auf diese Weise vielfältige Geschmackseindrücke bei einem Wein sammeln kann. Übrigens bedarf auch das richtige Ausspucken einiger Übung, damit der Wein in einem schönen Strahl gezielt im Eimer landet und nicht auf dem Tisch.

*Wissensbox*

## DIE SPUCKTECHNIK DER PROFIS

Zum Schluss sollten Sie noch lernen, den Wein fachgerecht auszuspucken. Diese Technik benötigen Sie immer dann, wenn Sie mehrere Weine (zum Beispiel auf einer Messe) verkosten wollen. Erstens trübt sich mit vermehrtem Alkoholgenuss die Wahrnehmung ein und zweitens können Sie viel mehr Wein probieren, ohne hinterher aus dem Raum zu schwanken.

Nur auf diese Weise gelingt es mir und meinen Kollegen, an einem Messetag zwischen 80 und 100 Weine zu verkosten und zu beurteilen. Also gehen Sie wieder zum Waschbecken und nehmen einen mittelgroßen Schluck Wasser in den Mund. Nun beugen Sie sich leicht zum Becken hinunter und stellen sich vor, Sie würden einen Luftballon langsam aufblasen. Dabei spitzen Sie die Lippen, sodass das Wasser in einem feinen Strahl ins Becken gespuckt wird. Üben Sie so lange, bis Sie erstens einen richtigen Strahl hinbekommen und zweitens, bis Sie als Meister schließlich gezielt in einen kleinen Eimer spucken können. Im Laufe der Übung können Sie den Druck beim Ausspucken anpassen und gegebenenfalls verstärken.

Erst wenn Sie zielsicher sind und kein Wasser mehr am Mund herunterläuft, können Sie das Ganze auch mal mit Wein versuchen.

Doch mal abgesehen von umfangreichen Degustationen und Weinseminaren wird man den Wein wohl eher herunterschlucken. Und selbst dann, wenn der Wein bereits heruntergeschluckt ist, bleibt noch etwas Nachgeschmack am Gaumen haften. Man nennt ihn auch den Abgang oder Nachhall. Wie ein guter Schauspieler tritt der Wein von der Bühne ab und hinterlässt einen bleibenden Eindruck. Dieser Eindruck ist nicht unwesentlich in der Beurteilung der Qualität eines Weines. Je länger die Aromen nachhallen, desto hochwertiger und extraktreicher ist der Wein. Vorausgesetzt, es bleiben dabei dieselben Noten schmeckbar, die man vorher als angenehm und harmonisch empfunden hat.

*Beim Wein gibt es auch Blender, die zunächst zu überzeugen wissen, spätestens aber beim Abgang ihr wahres Gesicht zeigen.*

Leider geht es auch anders. Im Kollegenkreis im Einzelhandel verkosten wir jede Woche diverse Weine aus unserem Sortiment. Das sind entweder neue Jahrgänge bekannter Weine oder Neulinge. Dazu kommen noch viele Muster, die uns von Lieferanten zugesandt werden, in der Hoffnung, dass wir die Weine ins Programm aufnehmen. Einmal verkosteten wir einen Wein, der uns als verheißungsvoller Neuzugang angepriesen wurde. Zunächst waren wir durchaus beeindruckt. Der Wein war tiefdunkel in der Farbe, hatte Noten von dunklen Beeren und wilden Kräutern. Dazu gesellten sich die typischen Barrique-Noten von der langjährigen Lagerung in Eichenholzfässern. Doch im Nachhall zeigte sich plötzlich ein sehr unharmonisches Bild. Die Frucht war verschwunden und die Holznoten waren nun dominant und unangenehm.

Dazu muss man wissen, dass ein Wein üblicherweise dann als harmonisch bezeichnet wird, wenn sich alle wahrnehmbaren Eindrücke gegenseitig ergänzen und zum positiven Gesamteindruck beitragen. Stechen einzelne Töne zu sehr hervor, mindert das die qualitative Einschätzung. Und genau das war hier leider der Fall. Auch war uns beim Herunterschlucken aufgefallen, wie der Alkohol plötzlich negativ in den Vordergrund trat und ein deutliches Brennen im Hals hinterließ. Es hatte sich wieder einmal bestätigt, dass es beim Wein durchaus auch Blender gibt, die zunächst zu überzeugen wissen, spätestens aber beim Abgang ihr wahres Gesicht zeigen.

Selbst, wer alle Verkostungstechniken gelernt hat und alle sensorischen Eindrücke wahrnimmt, kann noch lange nicht jeden Wein treffsicher einordnen und beschreiben. Das war bei mir nicht anders. Um sicherer zu werden, brauchte es sehr viel Training. Sie können sich sicher vorstellen, wie hart das für mich war.

## PROFI IN BEWUSSTEM GENIESSEN

Heute kann ich Weine einigermaßen einschätzen. Trotzdem muss ich mir eingestehen: Wein professionell zu verkosten, ist eine hohe Kunst. Es wird immer Leute geben, die beim Verkosten mehr über Weine aussagen und als Erinnerung abspeichern können als ich. Stellen Sie sich vor, es gibt Experten, die können – ohne den Wein vorher gesehen zu haben – am Geruch und Geschmack nicht nur erkennen, aus welchem Land der Wein stammt, sondern sogar Weinbergslage und Jahrgang bestimmen. Irre! Ich weiß, in dieser Perfektion werde ich das nie schaffen. Ich finde solches Können bewundernswert, aber lasse mich dadurch weder entmutigen noch mir die Freude am Verkosten nehmen. Denn wenn ich mit den Jahren eines gelernt habe: Ich bin Profi in bewusstem Genießen. Oder um es mit einem Bibelzitat auszudrücken: »dass der Wein erfreue des Menschen Herz« (Psalm 104,15; LUT). Dieser Satz ist ein Fingerzeig für alle Weinliebhaber. Er verweist auf den, dem wir das alles zu verdanken haben, Gott. Wein ist ein Geschenk an seine Menschen. Es ist also nicht so wichtig, ob man ein ausgewiesener Profi in Sachen Wein ist. Viel wichtiger ist es, bewusst genießen zu lernen und sich die Dankbarkeit zu bewahren. Dankbarkeit für Wein an sich, für einen bestimmten guten Tropfen oder für Augenblicke des Genusses. Es gibt auch Menschen, die entweder keinen Wein mögen oder denen es aus vielerlei anderen Gründe nicht möglich ist, hin und wieder eine gute Flasche zu öffnen. Ein schlechtes Gewissen brauche ich dennoch nicht zu haben. »Musst du auch nicht«, scheint mir der Psalmist zuzurufen, »solange du deinen Schöpfer im Blick behältst.«

Die Sache hat bei mir einen positiven Nebeneffekt: Das angesprochene bewusste Genießen hindert mich daran, dass mein Egoismus die Oberhand gewinnt. So passiert es selbst mir zuweilen, dass ich gar nicht anders kann, als den Genuss mit anderen zu teilen. Und ich erlebe dabei das Glück,

*Ich kann mit anderen teilen und ehren, was uns Gott in seiner liebevollen Kreativität überlassen hat.*

*Wein ist immer wieder ein Erlebnis, das Aufmerksamkeit erfordert und unserer Seele guttut.*

wie schön es ist, das Wunder des Weines immer wieder neu im Miteinander zu entdecken und sich darüber auszutauschen. In solchen Momenten bin ich ganz erfüllt und überwältigt von der Genialität der Schöpfung. Ich kann mit anderen teilen und ehren, was uns Gott in seiner liebevollen Kreativität überlassen hat. Ich fühle mich über die Zeit hinaus verbunden mit den Menschen, die das erleben durften, wovon der Psalm 104 schreibt.

Lesen Sie doch einmal den ganzen Psalm. Es lohnt sich. Und öffnen Sie sich ruhig ein gutes Fläschchen dazu. Sie werden erfahren können, was hier mit jedem einzelnen Satz ausgedrückt wird: Wie sehr die Schöpfung zur Lebensfreude beiträgt und dass wir sie mit allen Sinnen genießen dürfen. Und wenn Sie das in guter Gesellschaft tun, umso besser. Sie werden miteinander erleben, dass Wein oder eine gute Mahlzeit es wert sind, sich Zeit für sie zu nehmen. Essen und Trinken ist mehr als nur Nahrungsaufnahme und Versorgung des Körpers mit den notwendigen Nährstoffen und Flüssigkeiten. In diesem Sinn ist Wein immer wieder ein Erlebnis, das Aufmerksamkeit erfordert und unserer Seele guttut.

Aufmerksamkeit ist insgesamt ein wichtiger Faktor für Gott. Er hat der Schöpfung Liebe und Zeit geschenkt. Ein guter Winzer wird dem bewusst oder unbewusst folgen und nicht an die vielen Stunden denken, die er investiert, wenn er das Beste und wohlschmeckendste aus den Trauben herausholt. Er arbeitet darauf hin, dass sein Wein später bewusst genossen und damit in seiner Qualität gewürdigt wird. Ich bin mir sicher, Gott wollte nie, dass Menschen anfangen, seine Schöpfung auf Masse zu trimmen, um möglichst viel produzieren zu können. Die Rückbesinnung vieler Winzer auf Klasse statt Masse ist ganz im Sinne der Achtung der Schöpfung. Gott freut sich mit den Leuten, die sein Werk zu schätzen wissen, die begeistert ihr Glas Wein schwenken, daran riechen und den Wein schlürfend und schmatzend nach seinen Aromen ergründen.

Und noch ein Vorschlag: Wie wäre es, wenn wir hin und wieder bei Wein und anderen Genüssen bewusst Verzicht üben? Ehrlich gesagt, mir persönlich fällt das sehr schwer. Ich weiß nicht, ob es Ihnen ähnlich geht. Falls ja, betrachten wir doch einmal die positiven Nebeneffekte: Erstens kann man mit dem zeitweisen Verzicht all die Menschen ehren, die nicht in solchem Reichtum wie wir hier in Deutschland leben. Zweitens lehrt es Geduld, mit der ich beispielsweise nicht besonders gesegnet bin. Und zu guter Letzt steigert die zeitweilige Abstinenz die Vorfreude auf die Eindrücke beim Öffnen einer schönen Flasche, die man dann mit neu geschärften Sinnen erlebt: »dass der Wein erfreue des Menschen Herz«.

# DAS PASSENDE ESSEN

## Gott muss ein Feinschmecker sein

**Essen und Trinken genießt man mit allen Sinnen. Es dient nicht nur der bloßen Nährstoffzuführung. Da hat wohl der Schöpfer-Gott seine Finger im Spiel.**

Es ist Sonntagabend. Der Herr des Hauses geht in den Keller. Dort hält er sich gerne auf. Überall stehen Weinkisten, Weinkartons und einzelne größere und kleinere Flaschen herum. Das Paradies befindet sich also in Wahrheit im Keller. Wer hätte das gedacht. Die spärliche Beleuchtung reicht gerade aus, um die Etiketten einigermaßen entziffern zu können. Er nimmt eine Flasche heraus und dreht sie hin und her. Dann stellt er sie zurück und zieht eine andere Flasche aus dem Regal. Er erinnert sich mit Schmunzeln an so manchen Besuch in einem Weingut, wo er stolz sein Auto mit ein paar Kisten beladen hat. Bei manchen Flaschen muss er den

*In Verbindung mit einem passenden Essen fährt mancher Wein erst zu richtiger Hochform auf.*

Staub entfernen. Es sind die wenigen ganz wertvollen Weine, die schon Jahrzehnte auf dem Buckel haben und wunderbare Geschichten aus ihrem Leben erzählen können. Er legt sie immer wieder sorgsam zurück, denn sie müssen noch auf eine besondere Gelegenheit warten, wenn sie schließlich im Kreise andächtiger Weinjünger geöffnet werden.

Beim Stöbern zwischen all den Schätzen findet er zufällig eine Flasche Wein, die dringend wegmuss. Vorsichtig trägt der Weinfreund seine Flasche nach oben. Sie wird gesäubert und schon mal geöffnet, damit der Wein etwas Sauerstoff atmen kann. Es verspricht ein gemütlicher Ausklang des Sonntags zu werden, bei dem die funkelnde Farbe im Glas eine nicht unbedeutende Rolle spielen wird. So denkt der liebe Mann bei sich und sucht passende Gläser aus. Später sitzt er mit seiner Frau auf dem Sofa, jeder ein gefülltes Glas in der Hand. Man stößt an und könnte schön ruhig genießen. Daraus wird aber nichts, denn der Gatte hat ein Problem. Er bekommt beim Weintrinken immer Hunger. So kommt es, wie es kommen muss. Der Gnädigste malt sich bei jedem Schluck ein passendes Gericht dazu aus und geht der holden Gemahlin damit gewaltig auf die Nerven.

Als geneigter Leser haben Sie sicher sofort erkannt, dass es sich bei der obigen Beschreibung um den Autor selbst handelt. Falls nicht, ich gebe zu: Ich kann nicht anders. Natürlich weiß ich den Wein auch solo zu schätzen. Aber ich finde, in Verbindung mit einem passenden Essen fährt er zu richtiger Hochform auf. Sogar das einfachste Mahl wird durch einen passenden Tropfen regelrecht geadelt. Die Betonung liegt dabei auf »passend« – also auf der Harmonie von Wein und Speise, bei der beide sich wunderbar ergänzen und gegenseitig die aromatischen Bälle zuspielen.

Sie haben folgende Möglichkeiten, eine gute Kombination herauszufinden: Entweder Sie experimentieren und werden mehr oder weniger zufällig feststellen, was zusammenpasst und was nicht. Oder Sie holen professionellen Rat ein. Als ich anfing, mich mehr für das Thema Wein und passende Gerichte zu interessieren, musste ich durch spontanes Ausprobieren so manche Enttäuschung erleben.

## WEISSWEIN ZU FISCH UND ROTWEIN ZU FLEISCH?

Vielleicht kennen Sie die weitverbreitete Regel, die besagt, dass Weißwein zu Fisch passt und Rotwein eher zu Fleisch. Aber ganz so einfach ist es nun auch wieder nicht. Ich habe einmal versucht, Gewürztraminer – weil die Flasche schon geöffnet war – zum Räucherlachs zu trinken. Schrecklich, kann ich Ihnen nur sagen! Die Verbindung erzeugte Bitternoten und einen Geschmack am Gaumen, als würde man Eisen kauen. Es handelte sich um einen hervorragenden Weißwein und auch der Fisch war über jeden Zweifel erhaben. Aber der Weißwein hatte sehr dominante Noten von Rosenblüten, welche zu dem fetten Fisch mit Rauchnoten so gar nicht passen wollten. Anschließend probierte ich es mit einem Rosé aus der Provence. Die kühle, zarte Frucht, die dezenten Kräuternoten und der kräftige Alkohol ergaben ein delikates Miteinander, bei dem sich die Aromen nicht gegenseitig niederbügelten. Den Gewürztraminer haben wir dann am nächsten Tag mit herrlichem Zwiebelkuchen genossen. Seine intensiven floralen Noten fanden in den süßlichwürzigen Noten der Zwiebeln in Verbindung mit den Eiern, dem Kümmel und dem Speck ihre ergänzende Bestimmung.

## *Wissensbox*
### HARMONIE VON WEIN UND SPEISEN

- Die Qualität der Speisen und der Weine sollte sich entsprechen: Ein edles Menü braucht auch feinen Wein.
- Gerichte mit mildem Geschmack brauchen zarte, leichte Weine.
- Gerichte mit intensivem Geschmack brauchen kräftige, körperreiche Weine.
- Fette Gerichte und Soßen brauchen kräftige, körperreiche Weine.
- Exotisch-scharfe Gerichte passen gut zu fruchtigen Weinen mit leichter Süße. (Achtung: hoher Alkohol verstärkt die Schärfe!)
- Gerichte mit Säure brauchen auch Wein mit leichter Säure (zum Beispiel Vinaigrette und Sauvignon aus der Touraine).
- Der Wein zum Dessert darf etwas süßer als die Speise sein, sonst wirkt er fad.

- Manchmal ist auch ein Kontrast gut: Ein spritziger Wein passt zu reichhaltiger Soße.
- Nicht nur Volumen, Tannine, Säure und Süße müssen stimmen, auch die Aromen müssen passen: würziger Rotwein aus Châteauneuf zur Lammkeule mit Kräutern der Provence
- Die Zubereitung ist genauso wichtig wie die Zutaten: Entscheidend ist, ob gekocht oder gebraten wird. Röstaromen passen zu Barriqueweinen mit Tanninen.
- Die beste Kombination findet man häufig, wenn das Gericht und der Wein aus derselben Region stammen

Wie man an den Beispielen unschwer erkennen kann, bedarf die ausgewogene Verbindung von Wein und Speisen manches Mal mehr Vorbereitung und sorgfältiger Auswahl, als man zunächst vermuten könnte. In der gehobenen Gastronomie nimmt man sich aus diesem Grund sehr viel Zeit für die Weinempfehlung zu den jeweiligen Gängen im Menü. Man hat schließlich einen Ruf zu verlieren. Stellen Sie sich einmal vor, ich hätte dort als Sommelier meinen Gewürztraminer zu dem Lachs serviert. Die Gäste wären sicher nie wieder in unser Restaurant gekommen.

Deshalb ist es unerlässlich, vor der Bewirtung gut vorzuarbeiten. Zuerst stellt der Chefkoch dem Sommelier des Hauses das gesamte Wochenmenü vor. Der sucht nun ihm geeignet erscheinende Weine aus. Oder umgekehrt hat der Sommelier ein paar Weine, die er seinen Gästen präsentieren möchte. Dann stellt der Maître de Cuisine ein korrespondierendes Menü zusammen.

Der nächste Schritt ist der aufwendigste, denn jetzt werden die Speisen zubereitet und verschiedene Weine testweise verkostet. So können zur Feinjustierung Änderungen im Menü oder der Weinauswahl vorgenommen werden. Erst wenn alle Beteiligten hundertprozentig zufrieden sind, wird das Menü samt Weinempfehlung in die Speisekarte aufgenommen.

125

Um Ihnen die Sache für Ihre ersten Schritte zu erleichtern, gebe ich Ihnen in den Wissensboxen auf den folgenden Seiten einige grundlegende Tipps. Wer mehr in die Tiefe gehen möchte, für den habe ich im Anhang Buchtipps zusammengestellt. Darunter auch das Werk einer begnadeten Sommelière zum Thema Wein und Speisen.

Wein und das dazu passende Essen gehen im besten Fall eine harmonische Verbindung ein. Harmonie bringt immer Genuss und die Entdeckung neuer Geschmackseindrücke mit sich. Das klingt jetzt vielleicht etwas abstrakt und abgehoben, ist es aber eigentlich gar nicht. Ich habe immer wieder derartige Glücksmomente erleben dürfen. Es war und ist dabei zweitrangig, ob das Mahl besonders aufwendig zubereitet wird und der Wein aus der oberen Preiskategorie stammt. Viel mehr Gewicht hat die Liebe, mit der gekocht und der Wein dazu ausgesucht wird, und dass man einfach gerne Zeit miteinander verbringt.

# Wissensbox
## WEIN UND FISCH

**Welcher Wein zu Fisch passt, kommt auf die Zubereitung des Fisches an:**

- pochiert oder gedünstet: leichter Weißwein (Silvaner, Riesling, Weißburgunder)
- gebraten oder stark gewürzt: ausdrucksstärkere Weißweine (Grüner Veltliner, Chardonnay, Grauburgunder)
- geräuchert: aromatische Weißweine, die idealerweise im Barrique gereift wurden (Viognier, Chardonnay, Bordeaux weiß, Chenin Blanc, Sauvignon Blanc)

Es ist für mich immer wieder schön zu sehen, wie Menschen beim gemeinsamen Genießen und Austausch einander näherkommen. Es entsteht eine besondere Atmosphäre, die sich auf die Art und Qualität der Gespräche auswirkt. Ja und mehr noch, ich habe zuweilen den Eindruck, dass uns Gott im bewussten Genuss ganz nahekommt und den Raum mit Dankbarkeit erfüllt.

## GENUSS UND GOTTES GABEN MIT ANDEREN TEILEN

*Gott geht es darum, dass wir Essen und Trinken mit allen Sinnen wahrnehmen können*

Wer wertschätzend mit Lebensmitteln umgeht und bewusst genießt, beginnt Gott zu verstehen und zu verinnerlichen. Ob er ihn nun kennt und beim Namen nennen kann oder nicht. Es ist ein Anfang, sich damit auseinanderzusetzen, wer sich das alles ausgedacht hat und ob es nicht absurd ist, der Evolution zu unterstellen, sie könne derartig kreativ und fantasievoll gestalten. Dann müsste man ihr eine gewisse Intelligenz bescheinigen, womit man automatisch wieder bei der Gottesfrage wäre.

Ich persönlich gehe nicht von einem Zufall aus. Denn wenn Menschen die kreative Fähigkeit besitzen, mehr aus der Nahrungsaufnahme zu gestalten, als sich schlicht überlebensnotwendige Nährstoffe zuzuführen, dann hatte wohl doch der schöpferische Gott seine Finger im Spiel. Ihm geht es darum, dass wir Essen und Trinken mit allen Sinnen wahrnehmen können. Wir dürfen dabei Freude und Lebensglück empfinden.

## WEIN UND PASTA

**Bei Nudeln entscheidet – wie bei den meisten Gerichten – die Soße über die Wahl des Weines:**

- Meeresfrüchte und Muscheln: trockener Weißwein wie Vernaccia aus der Toskana, Pinot Grigio, Lugana vom Gardasee oder Soave aus Venetien, Grecchetto oder Malvasia aus Umbrien
- schwere Soßen (Wildragout, Hackfleisch): trockener Rotwein, vor allem Sangiovese (Chianti, Brunello, Vino Nobile di Montepulciano)
- Pesto: spritziger Weißwein – Pinot Bianco aus dem Friaul

Leider haben beileibe nicht alle Menschen diese Möglichkeit. Für manche geht es ums nackte Überleben, da ist Genuss Luxus. Ich will mir diesen Umstand immer wieder bewusst machen. Ich lerne hoffentlich in der Ausei-

# *Wen kann ich zum nächsten festlichen Essen einladen und damit eine kleine genussvolle Freude bereiten?*

nandersetzung damit, zufriedener zu sein mit dem, was ich habe, und jedes Gut noch mehr zu schätzen. Es ist zumindest in diesem Leben keine Selbstverständlichkeit, satt werden zu können und darüber hinaus noch genießen zu dürfen. Wir Menschen sind traurigerweise allzu oft selbst die Ursache für diesen Umstand.

Deshalb lohnt es sich, andere Akzente zu setzen und zu überlegen, was wir dazu beitragen können, dass ein paar mehr Menschen wortwörtlich in den Genuss von gutem Essen und Trinken kommen. Es müssen nicht immer die großen Aktionen sein. Aber es ist durchaus möglich, mit ganz kleinen Dingen einen großen Beitrag zu leisten. Ich packe mich gerade selbst an der Nase und überlege, wen ich zum nächsten festlichen Essen einladen und damit eine kleine genussvolle Freude bereiten kann. Da fällt mir auch gerade ein, dass die Tafeln in unserer Stadt gut besucht sind und immer ein paar Spenden gebrauchen können.

## *Wissensbox*
## WEIN UND GEFLÜGEL

- gebraten oder gegrillt: kräftige Weißweine wie Chardonnay, Grauburgunder, Bordeaux weiß. Oder leichte bis mittlere Rotweine, auch mit Barriquenoten. Geeignet sind Teroldego aus Trentino, Barbera aus dem Piemont, Valpolicella aus Venetien, Pinot Noir aus Deutschland oder Frankreich
- Gans, Ente, Hühnerbrust: fruchtige Weiß- und Rotweine wie Chenin Blanc von der Loire oder Gamay aus dem Beaujolais

Wie komme ich nur auf solche Überlegungen, wenn das Thema doch die Harmonie von Wein und Speisen ist? Das hat damit zu tun, dass ich immer wieder erlebe, wie Gott mitten in meine Gedanken hineinspricht. Er gibt mir sanft, aber beharrlich gute Hinweise, wie ich dazu beitragen kann, unsere Welt ein wenig mehr mit dem Geschmack von Himmel zu segnen und so lebenswerter zu gestalten.

Wie man im Buch Jesaja nachlesen kann, hat Gott einen Plan. Er wird sich nicht mit den Umständen in unserer Welt abfinden und von oben zuschauen. Eine seiner Methoden ist die, dass er Menschen auf der ganzen Welt in Bewegung setzt, die sich positiv einmischen. Eine andere ist, dass er selbst eingreift, weil ihm unser Wohlergehen am Herzen liegt. Dem Propheten Jesaja gewährt Gott einen Blick in die Zukunft: Er hat vor, einen überraschend anderen Schlusspunkt zu setzen als den, welchen uns manche Filmemacher gerne in schrecklichen Farben ausmalen wollen. Am Ende stehen nicht Grauen, Elend und Tod mit uns am Tisch.

## DAS HIMMLISCHE FREUDENMAHL

*Du dämpfst das Triumphgeschrei der Tyrannen wie der Schatten einer Wolke die Hitze. In Jerusalem wird der Herr, der Allmächtige, ein großes Fest für alle Völker ausrichten. Es wird köstliches Essen geben, fette Speisen und leckeren Wein, Markspeisen und erlesene Weine. Er wird dann auf diesem Berg die Binde, die das Gesicht aller Völker verhüllte, abnehmen und die Decke, die über den Völkern ausgebreitet war, wegziehen. Den Tod wird er für immer beseitigen. Gott, der Herr, wird die Tränen von allen Gesichtern abwischen und die Schande, die seinem Volk angetan wurde, überall auf der Erde wegnehmen. Dies hat der Herr ja versprochen!*

*Jesaja 25,5-8*

Was für ein Zukunftsbild – einfach herrlich! So ein wohlschmeckendes Happy End gibt's in keinem Kinofilm, nur beim Gott der Bibel. Ein Festessen, wie es die Welt vorher noch nicht gesehen hat. Irgendwie erinnert mich die Szene an ein klassisches Gemälde von Leonardo da Vinci oder Peter Paul Rubens. Beide malten unvergleichlich ausdrucksstarke Bilder. Ausdrucksstark passt zu der riesigen Festtafel, die gerade in meiner Fantasie entsteht. Ein Kunstwerk, auf dem man unzählige glückliche Gesichter sieht. Sie staunen, lachen und genießen.

## WEIN UND FLEISCH

- Kurzgebratenes: mittelgewichtige Rotweine wie Bordeaux, Chianti, Spätburgunder.
- Schmorbraten: schwere Rote wie Amarone, Rhone-Weine, ein gehaltvoller Bordeaux, Neue-Welt-Rotweine.
- dunkles Fleisch: kraftvolle Rote, gern auch mit viel Frucht: Cabernet Sauvignon, Merlot, Nebbiolo, Negroamaro, Tempranillo.
- helles Fleisch: mittelgewichtige Rote, zum Beispiel Barbera, Teroldego, Spätburgunder, …
- dunkle Soße: kraftvolle Rote
- helle Soße: mittelgewichtige Rote, schwere Weiße

Einer fällt mir besonders auf. Er hat ein Glas in der Hand. Rot funkelt der Inhalt. Vor ihm ein Teller mit liebevoll komponierten Köstlichkeiten. Seine Gesichtszüge haben einen Ausdruck, als ob er noch nicht ganz glauben kann, was er sieht, riecht und schmeckt. Aufmerksam fokussiert er das Glas. Sein Mund ist gespitzt und die Backen sind gefüllt. Er probiert und schlürft den Wein. Eines ist sicher: dieser Zeitgenosse verkostet nicht zum ersten Mal. Es scheint, als ob er nach bekannten Merkmalen in seiner Erinnerung sucht. Völlig überrascht muss er feststellen, dass dieser Wein so einzigartig ist, dass er sich mit nichts vergleichen lässt, was er vorher jemals verkosten durfte.

Mein Blick wandert zu seiner Kleidung. Gut sieht er aus in dem edlen Anzug. Er trägt ihn aber so, als ob der Körper sagen wollte, dieser Mensch hat nicht nur gute Zeiten gesehen. Da ist in der Körperhaltung noch eine gewisse Anspannung bemerkbar, die sich jedoch langsam löst. Die Vergangenheit hat Spuren hinterlassen, aber sein Schrecken ist nun Gott sei Dank endgültig vorbei.

## *Wissensbox*
## WEIN UND KÄSE

- je härter der Käse, desto mehr Tannine darf der Wein haben
- je intensiver der Käse, desto intensiver der Wein
- je weniger intensiv der Käse, desto feiner der Wein
- Scharfe und salzige Käse wie Blauschimmel passen nicht zu Rotwein! Am besten harmonieren weiße Süßweine.

Der Rahmen um das Gemälde herum strahlt auf. Er ist massiv und zugleich kunstvoll von Meisterhand gearbeitet. Blattgold verleiht ihm Würde und Ausdruck. Er gibt dem Gesamtkunstwerk Halt. Die Feiernden in dem Gemälde sind ausgelassen. Gott hat es versprochen, sie werden nie wieder Tränen vergießen. Sie dürfen stattdessen erleichtert und fröhlich feiern.

Alle an einer Tafel. Gott vereint sie. Es gibt keine besseren und schlechteren Plätze. Keine nervigen Reservierungen. Große und Kleine, ehemals Einflussreiche und arme Schlucker dürfen vom selben wertvollen, gereiften Wein kosten und von denselben üppigen Speisen nehmen, was ihr Herz begehrt.

*Wir dürfen uns bewusst sein, dass wir hier einen Vorgeschmack der himmlischen Herrlichkeit erleben dürfen.*

Die Feiernden erwartet hinter dem Festsaal die Tür zu einem Leben, das jegliche Vorstellungskraft sprengt. Das Mahl ist der Auftakt, nur ein kleiner Vorgeschmack auf das, was noch kommt. Aber es ist ein Auftakt, der das vorherige Leben und seine Vorzüge nicht wegwischt, als wären sie nichts wert gewesen, sondern es bringt alles Gute endlich zur vollen Entfaltung.

Ein starkes Bild, das uns Jesaja hier gemalt hat. Es weckt Erinnerungen und lädt zum Ausmalen ein. Das Buch Jesaja lässt uns einen Blick in die Zukunft Gottes tun, in der wir Suchenden endlich ankommen. Diese Zukunft ist nicht komplett anders als die schönsten Seiten unseres jetzigen Lebens. Es ist kein ewiges Hosianna-Singen auf der Wolke für uns vorgesehen, sondern vieles, was wir heute erleben, werden wir wiedererkennen. Alles, was uns als Menschen ausmacht, wird uns auch in Zukunft begleiten.

*Wissensbox*

## SCHWIERIGE FÄLLE FÜR DIE WEINBEGLEITUNG

- Artischocken: Ihre Bitterstoffe brauchen als Gegenstück kräftige alkoholreiche Weißweine mit wenig Säure. Dazu zählen Grauburgunder oder Chardonnay, beide gern auch mit Barriqueausbau.
- Spinat: Seine Säure und seine Bitterstoffe brauchen ein kräftiges Gegenstück – Grauburgunder, Chardonnay, Silvaner aus der Einzellage oder als Großes Gewächs[39].
- Tomaten: Pizza, Pasta und Tomatensalat (hoher Säuregehalt) am besten mit kräftigen, säurebetonten italienischen Rotweinen: Sangiovese, Nebbiolo, Barbera, Aglianico, Nero d'Avola ...
- Essig: Die Säure zerstört den Geschmack jeden Weines.
- Obst: Zu Wein passt nur gegartes Obst. Am besten weißer Süßwein.
- Eis: passt mit hohem Sahneanteil nicht zu Wein.

Ich weiß nicht, wie es Ihnen geht, aber ich bin sehr froh, dass ich in Gottes Zukunft kein körperloses Wesen sein muss, das keine Bedürfnisse mehr kennt. Und was wäre die ganze Schöpfung letztlich wert, wenn sie im Himmel keine Bedeutung hätte? Also werden – womit wir wieder beim Ausgangsthema wären – der Genuss und die Harmonie von Wein und Speisen auch in Zukunft eine wichtige Rolle spielen.

Ich hoffe, das kunstvolle Gemälde von Jesaja hat Ihnen gefallen. Wenn ja, wird es uns vielleicht in den Sinn kommen, wenn wir bei nächster Gelegenheit voller Vorfreude den passenden Wein zum Essen aussuchen. Später beim Kochen kann uns Gott in all den herrlichen Düften begegnen. Und sitzen wir schließlich am gedeckten Tisch, wird die Gaumenfreude noch viel größer sein, weil wir uns bewusst sind, dass wir gerade einen Vorgeschmack der himmlischen Herrlichkeit erleben dürfen.

# GEMEINSAM GENIESSEN

## *Liebe geht durch den Magen*

*Haben Sie sich schon einmal gefragt, warum so viele Politiker und Geschäftsleute miteinander essen? Das liegt daran, dass eine gemeinsame Mahlzeit Herzen öffnen kann.*

Unsere Bundeskanzlerin Angela Merkel ist nicht gerade dafür bekannt, ihr Herz auf der Zunge zu tragen. Manche ärgert es, manche bewundern sie dafür, weil sie nicht überall und sofort ihren Senf dazugibt. Wenn ich mich mit Leuten in meinem Umfeld unterhalte, gewinne ich manchmal den Eindruck, die Frau sei leicht zu durchschauen. Denn viele reden so, als ob sie aus erster Hand ihre Motive erfahren hätten. Ich frage mich, ob ich die Kanzlerin kenne. Nur, weil ich sie unzählige Male in den Nachrichten gesehen und gehört habe? Trotzdem maße ich mir hin und wieder auch ein Urteil über sie an. Sicher liege ich meistens ziemlich falsch mit meiner Einschätzung.

# AUF EIN GLÄSCHEN MIT DER KANZLERIN

*Die anfänglich angespannte Atmosphäre löst sich allmählich, denn der erste Gang wird aufgetragen und dazu wird ein fruchtiger Riesling gereicht.*

Eine bekannte Zeitung berichtete von einer Begebenheit, als Verteidigungsminister Thomas de Maizière seinen Posten im Regierungskabinett verlor. Ich stelle mir die Situation danach zwischen ihm und der Kanzlerin nicht einfach vor. Was wäre mir wohl an seiner Stelle alles durch den Kopf gegangen? »Was hat sie sich nur dabei gedacht? Wollte sie mich loswerden, musste ich dem politischen Kalkül geopfert werden? Kann ich dieser Frau – sie ist ja schließlich Parteikollegin – jemals wieder richtig in die Augen sehen?«

Was mich sehr beeindruckt hat, ist die Tatsache, dass Herr de Maizière vorher und auch danach niemals ein schlechtes Wort über diese schwierige Situation und sein Verhältnis zur Kanzlerin verloren hat. Nur eines ist bekannt: Frau Merkel bat ihren Ex-Minister zum Gespräch. Und Thomas de Maizière sagte hinterher: »Zu Vier-Augen-Gesprächen mit der Kanzlerin sage ich grundsätzlich nichts. Nur so viel: Wenige Tage später hat sie mich zum Essen eingeladen und wir haben uns lange ausgesprochen.«

Es ist auch bekannt, dass Frau Merkel bei Treffen und Festessen gerne gemeinsam mit Gesprächspartnern aller Couleur ein Gläschen Wein trinkt. So stelle ich mir die beiden in diesem Falle auch vor. Sie sitzen zusammen am Tisch. Die anfänglich angespannte Atmosphäre löst sich allmählich, denn der erste Gang wird aufgetragen und dazu wird ein fruchtiger Riesling von der Mosel gereicht. Man erhebt die Gläser, nimmt einen Schluck und die angenehm berührten Geschmacksnerven lassen Glückshormone entstehen. Es entzieht sich meiner Kenntnis, ob die beiden Parteikollegen vorher schon per Du waren, aber ich bin mir sicher, spätestens bei der Crème brûlée und dem bestens korrespondierenden Dessertwein – übrigens ein Eiswein aus dem Rheingau – stoßen sie gemeinsam die Gläser darauf an.

Dazwischen wurde viel miteinander geredet. Sie haben sich gegenseitig von einer ganz anderen Seite kennengelernt. Vertrauen und Verständnis für die jeweilige Situation des anderen sind gewachsen. Sie konnten sich aussprechen und durften dabei auch Bedenken und Unverständnis äußern, ohne Angst haben zu müssen, der andere könnte das in den falschen Hals bekommen. Beim Verabschieden haben sie sich beim Händedruck gegenseitig aufrichtig in die Augen gesehen. Keiner musste ausweichend zu Boden blicken. Vielleicht gab es auch noch eine kurze Umarmung. Ich kann mir gut vorstellen, dass jeder der beiden mit einer guten Erinnerung an diesen Abend wieder in sein Leben zurückgekehrt ist.

# EINE LEBENSVERÄNDERNDE BEGEGNUNG

Beim Ausmalen dieser Begegnung ist mir sofort Jesus in den Sinn gekommen. Auffallend häufig wird im Neuen Testament darüber berichtet, dass Jesus mit anderen zusammen aß und trank. Für manche seiner Zeitgenossen war er dabei in der Auswahl seiner Gesprächspartner nicht gerade sehr wählerisch. Die vermeintlich hohen Herrschaften der damaligen Zeit waren geradezu erbost, mit welchem Gesindel sich Jesus manches Mal an einen Tisch setzte.

> *Der Menschensohn feiert und trinkt, und von ihm sagt ihr:*
> *»Er ist ein Schlemmer und Säufer, und die schlimmsten Leute sind*
> *seine Freunde!«*

*Lukas 7,34*

144

Jesus scherte sich im Umgang mit seinen Zeitgenossen nicht um gesellschaftliche Konventionen oder religiöse Vorschriften. Er suchte die Begegnung mit Menschen, wollte mit ihnen ins Gespräch kommen und an ihrem Leben teilhaben. Zugleich wusste er gutes Essen und einen guten Tropfen zu schätzen. Was lag da näher, als gemeinsam zu speisen? Eine vielleicht anfängliche Reserviertheit und Unsicherheit legten sich, als der Gaumen angenehm berührt wurde. Der zum Essen gereichte Wein trug ebenfalls seinen Teil zur Atmosphäre bei. War man sich vorher fremd, so kam man sich nun näher. Beziehungen entstanden und die Gespräche verließen den anfänglich höflichen Small Talk. Die Themen wurden freundschaftlicher, denn sie gewährten nun tiefere Einblicke in persönliche Gedanken, Freuden, Sorgen oder Nöte.

*Jesu Gegenwart löste eine wahre Geschmacksexplosion aus.*

Jesus wusste, dass aus solchen Begegnungen unglaublich schöpferische Kreativität erwachsen kann. Und auch der Mut, das bisherige Leben zu überdenken und gegebenenfalls demselben eine völlig neue Richtung zu geben. So geschehen bei Zachäus dem Zöllner.

*Jesus kam nach Jericho und ging durch die Stadt. Dort lebte ein Mann namens Zachäus. Als einer der mächtigsten Steuereintreiber war er sehr reich. Zachäus hatte versucht, einen Blick auf Jesus zu werfen, aber er war zu klein, um über die Menge hinwegschauen zu können. Deshalb lief er voraus und kletterte auf einen Maulbeerfeigenbaum am Wegrand, um Jesus von dort aus vorübergehen zu sehen. Als Jesus kam, blickte er zu Zachäus hinauf und rief ihn beim Namen: »Zachäus!«, sagte er, »komm schnell herunter! Denn ich muss heute Gast in deinem Haus sein.« Zachäus kletterte, so schnell er konnte, hinunter und geleitete Jesus voller Aufregung und Freude in sein Haus. Doch den Leuten in der Menge gefiel das nicht. »Bei einem berüchtigten Sünder kehrt er als Gast ein«, murrten sie. Währenddessen stellte Zachäus sich vor den Herrn hin und sagte: »Herr, ich werde die Hälfte meines Reichtums den Armen geben, und wenn ich die Leute bei der Steuer betrogen habe, werde ich es ihnen vierfach erstatten!« Jesus erwiderte: »Heute hat dieses Haus Rettung erfahren, denn auch dieser Mann ist Abrahams Sohn. Der Menschensohn ist nämlich gekommen, um Verlorene zu suchen und zu retten.«*

Lukas 19,1-10

Zachäus war so fasziniert davon, dass Jesus in seinem Haus zu Gast sein wollte, dass er einige Freunde dazu einlud. Sie alle sollten hören und sehen, was dieser Mann zu sagen hatte. Und dann saßen sie da und die Münder gingen gar nicht mehr zu. Was nicht an zu viel Essen lag, sondern an dem, über was sie in der Gemeinschaft mit Jesus erfuhren. Sie spürten, dass er nicht nur irgendein frommer Gelehrter war. Da war einer, der sie ernst nahm und ihnen ungeteilte Aufmerksamkeit schenkte.

Zachäus und seine Freunde erlebten hier einen Mann, der die Gegenwart Gottes regelrecht ausstrahlte. Gott besuchte sie und erfüllte den Raum mit einem völlig neuen Geist. Ergriffen vom Wind der Veränderung sah Zachäus sein bisheriges Leben wie im Schnelldurchlauf vor sich. Viel zu lange schon hatte er sein Gewissen abgestumpft und sich auf Kosten seiner Landsleute seine Existenz aufgebaut und angenehm gestaltet. Wenn er ehrlich war, glücklich war er dabei nicht geworden. Ganz im Gegenteil. Je mehr Vermögen er anhäufte, desto freudloser wurde sein Dasein. Nicht einmal sein geliebter Wein wollte ihm recht schmecken. Die einzigen Leute, die noch etwas mit ihm zu tun haben wollten und ab und an ein Gläschen mit ihm tranken, waren Steuereintreiber wie er.

Doch an diesem Abend, als Jesus sich bei ihm selbst einlud, da schmeckte es ihm plötzlich wieder. Der Gaumen und alle Sinne waren angeregt und kamen richtig in Fahrt. Eine wahre Geschmacksexplosion war durch die Gegenwart dieses Mannes ausgelöst worden. Er war buchstäblich bei Jesus auf den Geschmack gekommen, sein altes Leben hinter sich zu lassen. Gott und Zachäus wurden an diesem Abend enge Freunde. Freunde fürs Leben. Und die gemeinsame Mahlzeit war dabei ein genussreicher Unterstützer.

# DER VIELLEICHT ERSTE WEIN-HAUSKREIS

Nun könnte man sagen: »Ja, das ist damals so passiert. Aber das war eine einmalige Begebenheit, die schön zu lesen ist und mit der sich gerne auch mal ein Gottesdienstthema gestalten lässt. Aber man kann das Essen in Zachäus' Haus nicht einfach eins zu eins ins Heute übertragen!«

Kann man nicht?

Kann man doch! Warum sollte sich Gott in seinem Handeln verändert haben? Er ist immer noch derselbe. Daran haben die rund zweitausend Jahre zwischen uns und dem Schicksal von Zachäus nichts geändert.

Dazu ein persönliches Beispiel aus der jüngeren Vergangenheit: Ich saß am letzten Weinseminartag mit den interessierten Weinfreunden spät abends noch zusammen. Es war die Bitte einer Teilnehmerin gewesen, am letzten Abend ein Büfett zusammenzustellen. Jeder sollte etwas mitbringen und wir würden nach dem Seminar den Abend mit gutem Essen und den Resten vom Wein gemütlich ausklingen lassen. Gesagt, getan.

Am Anfang der Seminarreihe kannte ich einige Teilnehmer kaum oder gar nicht. Doch wir waren im Laufe der Abende zusammengewachsen. Wir hatten im Miteinander entdeckt, wie schön es ist, indem wir das Weinwissen vertieften, auch den Erfinder des Weines besser kennenzulernen. Selbst diejenigen, die mit dem Glauben eigentlich nichts am Hut hatten, waren nicht abgesprungen, sondern hatten sich jeden Abend mehr an Gott herangetastet und zugelassen, dass er regelmäßiger Besucher des Seminars war.

*An diesem Abend wurde der wahrscheinlich erste Wein-Hauskreis aus der Taufe gehoben.*

Und nun ging der letzte Weinabend seinem Ende entgegen und wir waren alle ein wenig traurig darüber. Plötzlich sagte einer der Teilnehmer in die Stille hinein: »Wer sagt denn, dass wir heute

## Durch die Beschäftigung mit dem Thema Wein kommen Leute dem Glauben auf die Spur.

Abend aufhören müssen? Nur weil der Volkshochschulkurs nun beendet ist? Warum machen wir nicht einfach weiter?«

Nun war wieder Leben in der Bude. Es wurde gelacht und voller Eifer diskutiert, wie man nun weiter vorgehen könne. Vorschläge gingen hin und her. Da kam mir plötzlich eine Idee. Und so sagte ich: »Leute, hört mir mal kurz zu. Natürlich kann man einen Volkshochschulkurs nicht einfach eigenmächtig verlängern. Aber das müssen wir auch gar nicht. Es ist zwar schön, dass wir hier einen Raum zur Verfügung gestellt bekommen haben, aber den brauchen wir nicht zwingend, damit weiter Abende stattfinden können. Wie wäre es, wenn wir uns reihum alle zwei Wochen bei einem von uns zu Hause treffen?«

Der Vorschlag wurde von allen begeistert angenommen. Eine Stimme im Raum meldete sich: »Wenn wir das tatsächlich machen wollen, bin ich sofort dabei. Aber eine Bedingung habe ich: Ich will nicht nur weiter Neues über den Wein erfahren und mit euch gemeinsam probieren, sondern wie hier im amtlichen Volkshochschulkurs will ich dann auch weiterhin mehr aus der Bibel dazu hören.«

Ich war total baff und musste innerlich grinsen. Unglaublich, dass ausgerechnet er auf diese Idee kam! Denn dieser Teilnehmer war derjenige, der anfangs am meisten zugeknöpft gegenüber meinen biblischen Ausführungen zum Thema Wein reagiert hatte.

Ich beruhigte ihn und die anderen: »Keine Sorge, da gibt es noch genug zu entdecken! Wenn ihr alle damit einverstanden seid, können wir gerne wie angedacht weitermachen. Aber ich hätte noch einen Ergänzungsvorschlag: Es ist ja nun kein Seminar mehr, deshalb sollte unser Treffen auch einen anderen Namen bekommen ...«

Was soll ich sagen. An diesem Abend wurde der wahrscheinlich erste Wein-Hauskreis aus der Taufe gehoben.

Für mich schließt sich hier der Kreis. Gott ist heute derselbe wie damals zu Zachäus Zeiten. Und das Wunder des Glaubens entsteht ebenfalls genauso wie damals. Meine Erlebnisse bei meinen Weinseminaren haben mich in dieser Überzeugung bestärkt. Denn durch die Beschäftigung mit dem Thema Wein kamen Leute dem Glauben auf die Spur. Und damit nicht genug: Eines Sonntags traute ich meinen Augen kaum. Denn der besagte anfängliche Kritiker saß plötzlich wie selbstverständlich in unserer Kirchengemeinde im Gottesdienst – und er kam wieder.

# FÜR
# UNTERHALTSAME
# WEINABENDE

*Tipps und Anregungen*

**Sie haben Lust bekommen, in Sachen Weinabend selbst die
Initiative zu ergreifen? Hier erhalten Sie Anregungen.**

Wenn man den ersten Abend mit Weinfreunden organisiert, stellt man
sich das manchmal schwieriger vor, als es eigentlich ist. Ich habe hier
ein paar Vorschläge für Sie zusammengestellt, die Sie sicher im Laufe der
Zeit noch durch eigene Ideen ergänzen werden.

# BIOGRAFISCHE WEINGESCHICHTEN

Jeder Gast bringt eine Überraschungsflasche mit und erzählt, warum er diesen Wein ausgewählt hat beziehungsweise welche Geschichte sich hinter diesem Wein verbirgt. Vielleicht haben Sie einen Wein geschenkt bekommen oder von einem netten Verwandten geerbt und nun wäre die passende Gelegenheit, ihn zu öffnen. Oder Sie haben aus dem Urlaub einen guten Tropfen mitgebracht. Eventuell haben Sie einen alten Wein online ersteigert und sind nun gespannt, wie er sich präsentiert. Alles gute Gelegenheiten, ins Gespräch zu kommen und gemeinsam einen spannenden Abend zu verbringen.

Oder erzählen Sie sich gegenseitig, wie Sie zum Weingenießer geworden sind. Jeder, der sich mit Wein ein wenig beschäftigt, hat sein eigenes Schlüsselerlebnis, das für andere sehr interessant und spannend sein kann. Wenn Fotos vorhanden sind, können diese herumgereicht oder über einen Beamer gezeigt werden. Wie war Ihre erste Begegnung mit Wein? Welcher Wein hat Sie auf den Geschmack gebracht und total begeistert? Wo ist mit Wein einmal etwas danebengegangen? Gibt es lustige oder aufschlussreiche Begegnungen mit Freunden, Winzern oder Urlaubsbekanntschaften?

Ich empfehle, jedem Gast im Vorfeld den Auftrag zu geben, sich bei den Ausführungen auf höchstens zehn Minuten zu begrenzen. Zwischendurch ist es schön, miteinander die mitgebrachten Weine zu probieren. Ich bin mir sicher, an einem solchen Abend werden Sie sich prächtig unterhalten, manche Überschneidungen entdecken und sicher viel zu lachen haben.

# VARIANTEN EINER REBSORTE

Eine Rebsorte kann sich unglaublich vielseitig zeigen. Besorgen Sie zum Beispiel Riesling von einem bestimmten Weingut in den Qualitäten Gutswein, Ortswein und Einzellagenwein (oder Kabinett, Spätlese und Auslese). Sie werden miteinander feststellen, wie sich Extrakt oder Süße von Stufe zu Stufe steigern. Auch die Farbe wird – je höher die Qualität – immer intensiver. Wenn Sie vom selben Wein verschiedene Jahrgänge ergattern können, nur zu. Ein Geschmackserlebnis der besonderen Art steht Ihnen bevor. Heute kennt kaum noch jemand gereifte Weine. Viele Weingenießer sind einfach zu ungeduldig. Und die Winzer verzichten lieber auf Lagerkosten, wenn die Kunden den Wein auch jung kaufen und trinken.

## SECHS WEINE AUS EINEM BESTIMMTEN LAND

»Warum in die Ferne schweifen, wenn das Gute liegt so nah?« Diese sprichwörtliche Erkenntnis trifft auch auf das Thema Wein zu. Ich höre von Weinfreunden immer wieder, dass sie keine deutschen Rotweine mögen, weil zu blass und zu wenig gehaltvoll. Dieses Vorurteil hält sich trotz vieler wunderbarer Gegenbeweise hartnäckig. Zeigen Sie doch beispielhaft an diesem Abend, was Deutschland in Sachen Weißwein schon lange und in jüngerer Vergangenheit auch in Sachen Rotwein zu bieten hat. Ein Tipp:

In der Pfalz werden Sie sowohl bei kräftigen Roten als auch bei feinen Weißen fündig werden. Vielleicht wieder von einem einzigen Weingut?

Selbstverständlich haben »andere Länder auch schöne Töchter«, weshalb Ihnen die Themen für Abende in dieser Hinsicht nicht ausgehen werden. Spicken Sie in jedem Fall den Abend mit entsprechenden Hintergrundinformationen zu den Weinen und Winzern. Fotos

»Warum in die Ferne schweifen, wenn das Gute liegt so nah?«

sind dabei sehr hilfreich und machen die Veranschaulichung leichter. Übertreiben Sie es allerdings nicht mit der Fülle der Bilder und Infos, damit sich hinterher niemand erschlagen fühlt und Sie den Wein beim nächsten Mal allein trinken müssen.

## WEINQUIZABEND

Wenn Sie mit dem Computer umgehen können, wird es Ihnen leichter fallen, ein Weinquiz zusammenzustellen. Schmökern Sie in der Vorbereitung in einem Weinbuch und stellen Sie aus markanten Infos ein paar Fragen zusammen. Zum Beispiel: Wie produziert man Rotwein, was ist ein Barrique oder was sagt Ihnen das Stichwort Reblaus? Genauso können Sie bei einem Quizabend ein paar Bibelstellen einfließen lassen, etwa in Form eines Lückentextes, bei dem ein Zitat vervollständigt werden muss. Oder lassen Sie raten, ob ein Text tatsächlich aus der Bibel stammt.

Den Wein können Sie in Form von Jokern einbeziehen – oder Sie überlegen sich eine Frage zu einem Wein, den Sie Ihren Gästen anbieten. In jedem Fall wird der Abend bestimmt sehr unterhaltsam. Meine Empfehlung: 30 Fragen sind vollkommen ausreichend, da Sie ja vielleicht hinterher noch gemütlich zusammensitzen wollen.

## VERDECKTE WEINPROBE

Meiner Erfahrung nach ist eine Probe, bei der niemand die Weine vorher begutachten kann, das absolute Highlight unter den Abenden. Es macht unglaublich viel Spaß, sich Weine zu erschnüffeln und zu erschmecken. In der Vorbereitung können Sie die Weinetiketten mit Krepppapier oder Versandwellpapier verdecken. Trockentücher sind nicht so gut geeignet, da sie schnell verrutschen. Bereiten Sie Notizblätter mit Spalten vor, bei denen die Gäste ihre Eindrücke bezüglich der Farbe, des Geruchs und des Geschmacks aufschreiben können. Die wichtigste Spalte kommt zum Schluss – die zu erratende Rebsorte. Wenn die Teilnehmer keine Anfänger mehr in Sachen Wein sind, können Sie die Spalten auch mit Angaben zum Herkunftsland, Region oder Jahrgang erweitern.

Beim ersten Mal empfehle ich, sechs ganz typische und leicht wiedererkennbare Rebsorten zu verwenden. Verzichten Sie dabei auf Weine, die
im Eichenfass ausgebaut[40] wurden, denn das verändert zum Teil massiv die
Grundcharakteristik einer Rebsorte! Sie können in einem vorangestellten
Teil des Abends auch anhand anderer Weinbeispiele die Sinne für die jeweilige Charakteristik schulen und typische Merkmale herausstellen. Dann wird
es beim späteren Raten etwas leichter. Probieren Sie unbedingt alle Weine
schon vorher, damit Sie wissen, ob diese tatsächlich typische und vor allem
wiedererkennbare Merkmale besitzen.

Gute Rebsorten sind Bouquet-Rebsorten mit einem intensiven Ge-
schmacks- und Geruchsbild.

## Weiße Sorten:

- Sauvignon Blanc (duftet nach Stachelbeeren, leicht rauchig, Katzenpipi,
  Brennnessel)
- Gewürztraminer (hat sehr intensive Rosenblütennoten)
- Riesling (erinnert in der Jugend an reife Pfirsiche, Ananas und Äpfel)
- Muskateller (riecht intensiv nach Steinfrucht und nach Muskatnuss)

## Bei den Roten sind gute Beispiele:

- Spätburgunder (hat häufig ein speckig-rauchiges Aroma, dazu Noten
  von reifen Himbeeren)
- Cabernet Sauvignon (Noten von Cassis und Paprika sind typisch für die-
  se Rebsorte)
- Merlot (hat in der Regel ein deutliches Pflaumenaroma)
- Lemberger/Blaufränkisch (erinnert im Geruch und Geschmack oft an
  Pfeffer, Grafit und reife Kirschen)

## WEIN UND PASSENDE SPEISEN

Ich habe Ihnen in Kapitel acht bereits ein paar Empfehlungen zusammengestellt, welche Kombinationen aus Wein und Speisen gut harmonieren. Viele weitere spannende Tipps finden Sie in den Bücherempfehlungen. Natürlich reicht ein gutes Essen und passender Wein schon für einen gelungenen Abend aus. Wenn Sie aber Ihre Gäste stärker mit einbeziehen wollen, können Sie sie bitten, jeweils ein Gericht mitzubringen. Sie als Gastgeber wählen pro Gang zwei bis drei passende Weine aus. Vielleicht trauen Sie Ihren Gästen ja auch zu, den Wein selbst zu wählen?

*Wenn Sie wie ich einen kleinen Schalk im Nacken haben, dann trauen Sie sich ruhig, zwischendurch einen völlig unpassenden Wein auszuschenken.*

Sie werden sehen, es macht richtig Spaß, sich miteinander beim Essen auszutauschen, inwieweit welcher Wein zum Gang passt oder auch nicht. Jeder kann etwas dazu beitragen und Eigenschaften der Speise oder des Weines beschreiben, die sich besonders gut ergänzen. Sie können nach dem Ende eines Ganges auch persönliche Favoriten wählen lassen. Wenn Sie wie ich einen kleinen Schalk im Nacken haben, dann trauen Sie sich ruhig, zwischendurch einen völlig unpassenden Wein auszuschenken. Preisen Sie ihn doch als Ihren persönlichen Joker an und beschreiben seine »harmonischen Vorteile«. Das könnte sehr interessante Reaktionen hervorrufen, die dem Abend eine humorvolle Note geben.

# ABEND DER WEINUTENSILIEN

Alle Weintrinker haben ein Lieblingsglas oder eine bestimmte Weinglasserie, aus der sie besonders gerne trinken. Wie wäre es, wenn jeder eines für alle mitbringt, und Sie probieren Weine daraus? Dabei können Sie gemeinsam entdecken, wie unterschiedlich sich Weine in verschiedenen Gläsern präsentieren können. Manchmal meint man gar, man hätte einen völlig anderen Wein vor sich.

Einen solchen Abend können Sie ergänzen mit dem ultimativen Korkenziehertest. Es gibt viele verschiedene Modelle auf dem Markt und jeder hat zu Hause mindestens eines herumliegen oder öfter im Einsatz. Testen Sie gemeinsam, welche ihren Zweck gut erfüllen und welche bestenfalls als Deko geeignet sind.

Haben Sie auch weiße Tischdecken zu Hause, die mit Rotwein verunstaltet wurden? Was für ein Missgeschick, das einem den Abend so richtig verderben kann. Da stellt man sich doch die Frage: Wie bekomme ich den Wein richtig serviert? Gibt es Hilfsmittel? Stellen Sie Ihren Gästen diese Frage schon vor dem Weinabend, und bitten darum, einen persönlichen Geheimtipp preiszugeben oder ein besonderes Helferlein mitzubringen. Der eine bringt vielleicht eine Drop-Stop-Ausgießhilfe mit, jemand anderes ein bestimmtes Weinthermometer. Einem sehr lustigen Abend mit praktischen Tests des richtigen Servierens und Einschenkens steht nun nichts mehr im Wege.

# BIBEL & WEIN

*Passende Bibelstellen für Weinabende*

**Sie haben die Weine ausgesucht, ein paar passende Häppchen angerichtet und ein ansprechendes Thema vorbereitet. Fehlt nur noch der biblische Rahmen.**

Wenn Sie wie ich nicht nur einen netten Abend mit Wein haben wollen, sondern auch unserem Schöpfer einen Ehrenplatz geben wollen, stellt sich Ihnen sicherlich die Frage: Wie bringt man die Bibel ins Spiel, ohne dass es aufgesetzt wirkt?

Auf die sorgfältige Auswahl der Textstellen und die passende Umrahmung kommt es an! Ob nun an einem Weinabend die Frommen unter sich sind oder auch weniger christlich vorgeprägte Leute dabei sind, gilt der gleiche

# Wie bringt man die Bibel ins Spiel, ohne dass es aufgesetzt wirkt?

Grundsatz: Der Text soll genauso unterhaltsam sein wie der Wein selbst. Und bitte: Erschlagen Sie Ihre Gäste nicht mit ausschweifenden Erläuterungen – es handelt sich nicht um eine Bibelstunde! Deshalb ist es wichtig, sich gut vorzubereiten und genau zu überlegen, was an einem solchen Abend ankommen könnte.

Das bedeutet zum Beispiel, eine Textstelle vorher laut zu üben, um sie später gut vortragen zu können.[41] Vielleicht überlegen Sie schon im Vorfeld, warum Sie gerade diesen Text ausgewählt haben, und ergänzen ihn mit einer persönlichen Begebenheit oder Anekdote. Man muss das Rad nicht neu erfinden und kann entsprechende Hilfsmittel beziehungsweise Bücher als Ideensammlung benutzen. Sehen Sie sich dazu gerne auch meine Buchempfehlungen im Anhang an.

Wenn Sie nicht gerade vorhaben, ein biblisches Weinseminar anzubieten, ist es vollkommen ausreichend, ein oder zwei Bibelzitate in einen Weinabend einfließen zu lassen. Sie können die Textstelle entweder an den Anfang stellen, als gute Mitte einfügen oder am Ende des Abends den Gästen als Schlusswort mit auf den Heimweg geben. Egal, an welcher Stelle eingebracht, vertraue ich persönlich darauf, dass das Wort seine Wirkung selbst entfalten wird. Aus eigener Erfahrung halte ich es allerdings für ratsam, schwierige Texte zu vermeiden beziehungsweise erst »Fortgeschrittenen« zuzumuten. In letzterem Fall sollten Sie bibel- und auslegungsfest genug sein, um aufkommende Fragen beantworten zu können.

Hier meine persönlichen Favoriten, denen ich jeweils (soweit nicht schon in einem Kapitel vorher getan) eine kurze beispielhafte Auslegung angehängt habe:

# DER WEIN ERFREUE DES MENSCHEN HERZ

*Vom Himmel schickst du Regen in die Berge, du schenkst der
Erde reiche Frucht, die du geschaffen hast. Du lässt Gras
für das Vieh wachsen und Pflanzen sprießen, zum Nutzen für die
Menschen, damit die Erde ihnen Nahrung gibt. Du gibst Wein,
der sie fröhlich macht, Öl, das den Körper pflegt, und Brot, das ihnen Kraft schenkt.*

Psalm 104,13-15

Beim folgenden Text steht ebenfalls die Freude am Wein im Mittelpunkt. Da ist einer völlig begeistert von Gott, der bei seiner Schöpfung so viel Liebe im Detail beweist. Sicher hat er diesen Text lächelnd mit einem Glas Wein in der Hand verfasst.

*Der Wein kann dem Menschen Leben einflößen, wenn er maßvoll
getrunken wird. Was wäre das Leben ohne Wein? Er war doch von
Anfang an da, um uns zu erfreuen! Zur rechten Zeit und mäßig
getrunken, gibt der Wein eine heitere Stimmung und ein fröhliches
Herz.*

Jesus Sirach 31,27-28; GNB

In den sogenannten biblischen Apokryphen findet sich dieser literarische Schatz.[42] Er stimmt einen Lobgesang auf den Wein an, wie gut er dem Menschen tut. Zugleich legt er dem geneigten Leser völlig frei von erhobenem Zeigefinger ans Herz, dass Wein nur dann ein Genuss bleibt, wenn man mit ihm verantwortungsvoll umgeht. Aber man lese und staune: die aufheiternde Wirkung wird durchaus gern in Kauf genommen und als zugehörig zum Gottesgeschenk eingestuft.

# DER WEINGENUSS ALS PFLEGE FÜR KÖRPER UND SEELE

*Trinke nicht nur Wasser. Du solltest wegen deines Magens
auch ein wenig Wein trinken, weil du so oft krank bist.*

1. Timotheus 5,23

Wein hat heilsame Wirkung. Für die Seele, weil der Genuss etwas Wunderbares ist, und wie in diesem Beispiel auch manchmal für den Magen. Das glauben Sie nicht?

Ein erfahrener und begeisterter Sahara-Tourist erzählte mir, dass er eigentlich während der ganzen Reise leicht beschwipst war. Das ließ ich mir näher erklären. Er sagte, dass seine Mitreisenden oft Probleme mit dem Magen hatten, weil sich in der Hitze der Wüste viele Bakterien und Keime ausbreiteten. Sie beschimpften ihn anfangs, warum er für Wein wertvollen Gepäckplatz verschwenden würde. Doch der kluge Reisende mischte das Wasser in seiner Trinkflasche immer mit ein wenig Wein. So wurden die Keime in Schach gehalten und er hatte während der Reise keinerlei Beschwerden.

Vielleicht hatte der junge Missionsmitarbeiter vom Apostel Paulus auch derartige Probleme, die man mit ein wenig Wein ganz schnell beseitigen konnte. Von Timotheus wird berichtet, dass er sehr eifrig in seinem Dienst war. Also hatte er offensichtlich den Rat seines Lehrmeisters berücksichtigt.

*Ein bisschen Wein kann das Immunsystem stärken.*

# NEUER WEIN, NEUE SICHTWEISEN

*Es füllt auch niemand neuen Wein in alte Weinschläuche.*
*Sie würden platzen, der Wein würde auslaufen und die Schläuche*
*wären verdorben. Neuer Wein gehört in neue Weinschläuche.*

Markus 2,22

Weinschläuche aus Ziegenmägen sind heute nicht mehr das Lagermittel erster Wahl. Ich stelle mir vor, dass sie ein ganz spezielles Aroma an den Wein abgegeben haben, das uns wohl nicht munden würde. Aber das ist auch nicht der Kerngedanke bei diesem Evangelientext. Jesus zeigt sich hier als Kenner der Materie. Vielleicht war ihm auch schon mal ein junger Wein im Gepäck geplatzt. Er rechnet damit, dass seine Zuhörer ähnliche Erfahrungen gemacht haben. Und dann baut er wie nebenbei sein Anliegen mit in seine anschauliche Geschichte. Jesus benutzt den Vergleich alter und neuer Weinschläuche, um aufzuzeigen, dass sich durch seine Anwesenheit etwas Wesentliches im Verhältnis zwischen Gott und Mensch verändert hat. Der neue Schlauch sieht so aus: Der Glaube ist persönlicher geworden. Gott wird menschlich und begegnet uns nun auf Augenhöhe.

Unser Leben könnte vielleicht auch eine frische Füllung vertragen. Ein netter Abend mit gutem Wein könnte dabei behilflich sein. Wenn man dem Wunder Wein auf die Spur kommt ist, der Weg zum Schöpfer nicht mehr weit.

# DAS AUF UND AB DES WAHREN LEBENS

*Fürchte dich nicht, Ackerland! Sei froh und freue dich, denn*
*der Herr hat Großes getan. Fürchtet euch nicht, ihr Tiere des Feldes!*
*Eure Weiden werden bald wieder grün sein. Die Bäume werden*

*wieder Früchte tragen, Feigenbäume und Weinstöcke geben wieder vollen Ertrag. Freut euch, ihr Einwohner von Jerusalem! Freut euch am Herrn, eurem Gott! Denn er schickt euch den Regen nach seiner Gerechtigkeit. Herbstregen und Frühjahrsregen werden wieder einsetzen. Auf den Dreschplätzen wird sich das Korn wieder häufen, die Keltern werden von Wein und Olivenöl überfließen.*

*Joel 2,21-24*

Das Leben beginnt von Neuem aufzublühen. Ich bin froh, dass wir nicht wie beim »Münchner im Himmel« dereinst als Engel auf einer Wolke in alle Ewigkeit Hosianna singen müssen und nur langweiliges Himmelsbrot zu essen bekommen. Die Zukunft ist ein Aufatmen für die ganze Kreatur und für uns Menschen ein reicher Segen an Lebensmittel-Genüssen und wunderbarem Wein. Dazu passt auch die folgende Bibelstelle, über die ich schon in Kapitel 8 etwas ausführlicher spreche. Was für ein herrlicher Ausblick!

*In Jerusalem wird der Herr, der Allmächtige, ein großes Fest für alle Völker ausrichten. Es wird köstliches Essen geben, fette Speisen und leckeren Wein, Markspeisen und erlesene Weine. Er wird dann auf diesem Berg die Binde, die das Gesicht aller Völker verhüllte, abnehmen und die Decke, die über den Völkern ausgebreitet war, wegziehen. Den Tod wird er für immer beseitigen. Gott, der Herr, wird die Tränen von allen Gesichtern abwischen und die Schande, die seinem Volk angetan wurde, überall auf der Erde wegnehmen. Dies hat der Herr ja versprochen! Dann wird das Volk sagen: »Dies ist unser Gott! Auf ihn haben wir gewartet und er hat uns gerettet. Dies ist der Herr, auf den wir unsere Hoffnung gesetzt haben. Wir wollen uns freuen und jubeln, weil er uns rettet!«*

*Jesaja 25,6-9*

# EIN UNKONVENTIONELLER WEINGUTSBESITZER!

Denn das Himmelreich ist vergleichbar mit dem Besitzer eines
großen Gutes, der früh am Morgen hinausging, um Arbeiter
für seinen Weinberg einzustellen. Er vereinbarte mit ihnen den
üblichen Tagelohn und schickte sie an die Arbeit.
Um neun Uhr morgens ging er über den Marktplatz und sah einige
Leute herumstehen, die keine Arbeit hatten. Er stellte auch sie
ein und sagte ihnen, sie würden am Abend den ihnen zustehenden
Lohn erhalten. Am Mittag und dann noch einmal nachmittags
gegen drei Uhr tat er dasselbe. Um fünf Uhr abends ging er noch
einmal in die Stadt und sah immer noch ein paar Leute
herumstehen.
Er fragte sie: »Warum habt ihr heute nicht gearbeitet?«
Sie antworteten: »Weil uns niemand angestellt hat.«
Da sagte der Gutsbesitzer zu ihnen: »Dann geht zu den anderen
Arbeitern in meinem Weinberg.«
Am Abend schließlich beauftragte er seinen Verwalter, die Leute
zu rufen und sie zu entlohnen. Er sollte mit den Arbeitern beginnen,
die als Letzte eingestellt worden waren. Als die, die erst um fünf
Uhr eingestellt worden waren, bezahlt wurden, erhielten sie alle
einen vollen Tagelohn. Als die, die früher eingestellt worden waren,
an der Reihe waren, dachten sie, dass sie mehr bekommen würden.
Aber auch sie erhielten einen Tagelohn.
Als sie ihr Geld bekamen, beschwerten sie sich. »Diese Leute haben
nur eine Stunde gearbeitet und doch bekommen sie genauso
viel wie wir, die wir den ganzen Tag in der sengenden Hitze schwer
gearbeitet haben.«
Einem von ihnen antwortete er: »Mein Freund, ich war nicht
ungerecht! Warst du nicht damit einverstanden, dass du den
ganzen Tag für den üblichen Lohn arbeitest? Nimm dein Geld und

*gib dich zufrieden. Ich will aber diesem letzten Arbeiter genauso*
*viel geben wie dir. Oder ist es mir nicht erlaubt, mit meinem Geld zu*
*machen, was ich will? Willst du dich etwa darüber beklagen,*
*dass ich gütig bin?«*
*Genauso ist es bei Gott: Viele, die jetzt die Ersten sind, werden*
*die Letzten sein, und die, die jetzt die Letzten sind, werden dann*
*die Ersten sein.*

*Matthäus 20,1-16*

Was für ein unkonventioneller Weingutsbesitzer! Seine Entlohnungslogik entspricht nicht unbedingt unserem Gerechtigkeitsempfinden. Deshalb prägt sich diese Geschichte auch so gut ein. Man ärgert sich, aber denkt vielleicht darüber nach, was wäre, wenn … man einfach mal das Pferd von hinten aufzäumt und seine Mitmenschen nicht nach der erbrachten Leistung beurteilt? Da schmeckt der Wein unter Umständen gleich noch mal so gut.

## PARADIESISCHE ZUSTÄNDE

*Nun sprach der Herr zu Mose: »Schick Männer aus, die Kanaan*
*erkunden sollen, das Land, das ich den Israeliten geben will. [...]*
*Findet weiter heraus, ob der Boden fruchtbar oder karg ist und*
*ob es dort Bäume gibt oder nicht. Seid mutig! Und bringt Kost-*
*proben der Früchte des Landes mit.« Zu jener Zeit wurden nämlich*
*gerade die ersten Trauben reif. [...] Als sie ins Eschkoltal kamen,*
*pflückten sie dort Granatäpfel und Feigen und schnitten*
*eine Weinrebe ab, die zwei Personen an einem Stock zwischen*
*sich tragen mussten!*

*4.Mose 13,1-2.20.23*

Wir haben vermutlich die Originalvorlage für die Geschichte vom Schlaraffenland vor uns. Es kostet einige Mühe, an diesen Ort zu gelangen. Aber hat man es geschafft, übersteigen allein die Früchte jegliche realistische Vorstellungskraft. Ich kenne sehr große Trauben, die Sultana. Ab November findet man sie in den Obst- und Gemüseabteilungen unserer Lebensmittelhändler. Sie sind aromatisch und tragen eine große Fülle von Beeren. Doch sie reichen nicht im Entferntesten an die Riesentraube im verheißenen Land heran. Wir können also davon ausgehen, dass hier etwas überspitzt der Traum jedes Menschen nach sorglosem Leben in genussreicher Fülle dargestellt wird. Ein paradiesischer Zustand. Wird er jemals Wirklichkeit? Bei der Beantwortung dieser Frage kommt nun Gott ins Spiel.

## FAULHEIT IST AUCH KEINE LÖSUNG

*Ich ging am Feld eines faulen Menschen vorüber, am Weinberg eines Narren. Ich sah, dass er mit Dornen überwuchert war. Er war mit Unkraut bedeckt, und seine Mauern waren eingestürzt. Und als ich so hinschaute und darüber nachdachte, erkannte ich: Wenn du noch ein wenig länger schläfst – da ein kleines Nickerchen, dort eine kurze Ruhepause –, dann wird dich die Armut überfallen wie ein Wegelagerer und Not über dich hereinbrechen wie ein bewaffneter Räuber.*

Sprüche 24,30-34

Faulheit ist auch keine Lösung sagt das Buch der Sprüche. Ich persönlich kenne aber keinen einzigen Winzer, der so agieren würde. Sie gehören ganz im Gegenteil zu einem Menschenschlag, der in der Regel mit großer Leidenschaft und Einsatz oft über die Belastungsgrenze hinaus für beste Qualität kämpft.

Trotzdem leben wir in Zeiten, wo Fleiß nicht immer belohnt wird und so mancher arbeitsscheue Mensch der Allgemeinheit auf der Tasche liegt. Was Faulheit angeht, lohnt es sich aber auch, bei uns selbst etwas genauer hinzuschauen. Vielleicht sind wir nicht faul in unserer Arbeit, aber manchmal zu bequem, um uns in unserem Lebensumfeld für mehr Gerechtigkeit einzusetzen.

## DIE GOLDENE REGEL[43] FÜR WEINTRINKER!

*Deshalb: Iss, trink und sei fröhlich dabei. Denn Gott gefällt dein Tun seit Langem! Trag saubere Kleidung und pfleg dein Gesicht mit Salbe. Sei glücklich mit der Frau, die du liebst; genieß jeden flüchtigen Tag deines kurzen Lebens, das Gott dir auf dieser Erde gegeben hat. Denn das ist der Lohn, den du für deine irdischen Mühen bekommst.*

Prediger 9,7-9

*Liebe hingebungsvoll, lebe bewusst und bewahre dir die Dankbarkeit.*

Ich sehe einen väterlichen Freund vor mir, der aus seiner Lebenserfahrung schöpft und anderen Weisheiten mit auf den Weg gibt: Liebe hingebungsvoll, lebe bewusst und bewahre dir die Dankbarkeit.

Es wird kein großer Reichtum versprochen, sondern der Hörer soll neu zu schätzen lernen, was er schon hat. Das tut ihm gut und hilft ihm, auf dem Boden zu bleiben. Er soll sich selbst liebevoll behandeln und auch seine Partnerin. Er darf bewusst und fröhlich genießen. Dazu gehört auch ein gutes Gläschen Wein.

# DANKBARKEIT UND LEBENSSCHÜTZENDE GEBOTE

*Die Erde ist durch das gottlose Handeln der Menschen entstellt,
denn sie haben das Gesetz übertreten, die Gebote und den
alten Bund gebrochen.
Deshalb wird die Erde von einem Fluch aufgefressen und ihre
Bewohner müssen es büßen: Sie reiben sich gegenseitig auf, sodass
es nur wenige überstehen. Es trauert der Most, die Rebe verwelkt.
Die früher fröhlich waren, seufzen jetzt.
Die freudigen Tamburinklänge sind verstummt; kein fröhlicher
Festlärm ist mehr zu hören. Die klangvollen Töne der Harfe sind
verklungen. Beim Weintrinken wird nicht mehr gesungen;
das Bier schmeckt den Trinkern bitter.
Die Stadt des Chaos liegt in Trümmern; die Hauseingänge sind
verrammelt, damit niemand hineinkommt. In den Straßen hört
man Gejammer über den Verlust des Weins. Es herrscht keine Freude mehr, Frohsinn ist ein Fremdwort geworden.*

*Jesaja 24,5-11*

Für gläubige Menschen zur Zeit Jesajas[44] war Wein der Inbegriff der Freude und des Segens Gottes. Wenn beides ausblieb, dann hatte das einen ernsten Hintergrund. Es scherte sich keiner mehr um sinnvolle, lebensschützende Gesetze und auch nicht um Gott. Jesaja klagte an, dass die Menschen vergessen hatten, wem sie alle Freude zu verdanken haben. Wer so handelt, verliert zuerst seinen Halt und am Ende alles andere.

Da möchte ich doch lieber fröhlich meinen Wein mit anderen genießen und immer wieder dankbar zum Himmel blicken.

# KULTURGUT WEIN

*Doch er verwandelt die Wüsten wieder zu einem wasserreichen See und dürres Land zu Wasserquellen. Er holt die Hungrigen herbei, damit sie sich dort niederlassen und ihre Städte bauen. Sie besäen ihre Felder, pflanzen Weinberge und fahren reiche Ernten ein.*

*Psalm 107,35-37*

*Ein Land, in dem Kulturgüter einen hohen Stellenwert besitzen, wird verantwortungsbewusste Menschen hervorbringen.*

Weinberge hatten im alten Israel einen ebenso hohen Stellenwert wie andere Agrarflächen. Man aß die Trauben zwar auch und dörrte sie, doch der weitaus größere Teil wurde zu Wein verarbeitet. Er wurde nicht nur zu besonderen Festzeiten getrunken, sondern war Kulturgut und selbstverständlicher Bestandteil der täglichen Nahrung.

Ich stelle folgende Thesen dazu auf: Ein Land, in dem Kulturgüter wie der Wein einen hohen Stellenwert besitzen, wird immer wieder verantwortungsbewusste Menschen, Dichter, Denker und kreative Köpfe hervorbringen.

Nicht nur Wein sollte einen hohen Stellenwert in der Gesellschaft besitzen – sondern auch Winzer. Sie sind selten selbstverliebt, zeigen viel Engagement und Verantwortung für die Schöpfung. Wenn wir uns Winzer zum Vorbilder nehmen und das Ganze mit einer guten Portion Gottvertrauen ergänzen ... Unsere Welt könnte ein besserer Ort sein!

# DER NACHKLANG

## Auch die schönste Reise geht einmal zu Ende

Zu Beginn dieses Buches hatte ich die Frage gestellt, was einen guten Wein ausmacht. Daraufhin habe ich Sie zu einer Weinreise eingeladen. Ich freue mich sehr, dass Sie bis zum Schluss dabeigeblieben sind. Ich bin überzeugt, dass Sie nun gerüstet sind, diese Frage für sich selbst zu beantworten.

Und, was tut man nach einer erlebnisreichen Reise?

Genau. Man lässt sie noch einmal Revue passieren und hat wieder die Momentaufnahmen von den schönsten und interessantesten Wegabschnitten vor Augen. Was haben wir nicht alles miteinander erlebt! Unsere gemeinsame Reise zum Wein begann beim Anlegen eines Weinberges. Wir stiegen danach tiefer und tiefer in die Materie ein, bis wir am Ende der Reise beim Genuss des Weines in guter Gesellschaft angekommen sind.

Zwischendurch haben wir immer wieder innegehalten, um auch die Bibel zu Wort kommen zu lassen. Sie haben dabei sicher nicht nur Ihr Weinwissen vertieft, sondern konnten Gott, den Schöpfer, von einer ganz anderen Seite kennenlernen. Sie haben unterwegs festgestellt, dass die Freude am Wein zutiefst mit Gott verbunden ist. Und auch in Ihrer persönlichen Geschichte wird der Weingenuss und vielleicht auch Gott eine immer wichtigere Rolle spielen. Diese Entdeckungsreise hört ja nicht auf, sondern sie wird fortlaufend weitergeschrieben.

Ich hoffe, unsere Zeit hat Ihnen gefallen und Sie in mancherlei Hinsicht neu inspiriert. Es wäre schön, wenn Sie neugierig bleiben und Ihre Wanderschuhe immer wieder einmal für neue Wegabschnitte anziehen würden. Vielleicht begegnen wir uns demnächst auch persönlich bei einer Lesung oder einem meiner Weinseminare.

Ich bin gespannt, was Sie mir erzählen über Ihre Reise zum Wein und zum Schöpfer aller wunderbaren Tropfen. Ich wünsche Ihnen viel Freude und noch so manche überraschende Gotteserfahrung!

*Ihr Oliver Kircher*

*Auf dieser Reise haben Sie Ihr Weinwissen vertieft und Gott von einer ganz anderen Seite kennengelernt.*

ANHANG

# Meine persönlichen Buchempfehlungen

## EINSTIEGSLITERATUR

**Gibel, Kurt: Weine degustieren – leicht & spielend. Gräfe und Unzer, 2003**
Auf spielerische Weise lernt man die Kunst des Verkostens. Dieses kleine Büchlein hat es in sich. Knapp und treffend formuliert und mit anschaulichen Darstellungen versehen, dient es mir bis heute als Fundus für meine Seminare.

**Piroué, Susi: Freude am Wein. Gräfe und Unzer, 2004**
Ähnlich wie das Werk von Jens Priewe greift die Autorin alle wichtigen Themen rund um den Wein auf. Ich empfinde dieses Buch als gute Ergänzung beziehungsweise als gute Alternative zur großen Weinschule.

**Priewe, Jens: Wein – Die kleine Schule. Zabert Sandmann, 1993**
Mit seinem schier unendlichem Weinwissen ist der Weinjournalist Jens Priewe für mich der Weinpapst Deutschlands. Der Autor greift kompakt und zugleich umfassend alle wichtigen Themen wie Weingeschichte, -anbau, -länder, -stilistiken auf und garniert das Ganze mit vielen anschaulichen Fotos und unzähligen praktischen Tipps. Dieses Buch war eines der ersten, welches ich über Wein in der Hand hatte. Ich habe es regelrecht verschlungen, da es sehr anschaulich jeden Weininteressierten in die Welt des Weines einführt. Das Werk diente mir auch als solide Grundlage für meine ersten eigenen Weinseminare.

***Priewe, Jens: Wein – Die große Schule, ZS Verlag, 2017***
Wer es noch etwas breiter gefächert und ausführlicher möchte, dem sei dieses Werk von Jens Priewe empfohlen.

***Ridgway, Judy: Die Weinprobe – Ein praktisches Weinmaleins in 12 Lektionen. Hallwag, 1997***
Die Fachbuchautorin für Wein und Speisen gestaltet für den Leser zwölf Weinproben, bei denen alle Sinne auf ihre Kosten kommen. Dieses Buch eignet sich gut als Grundlage für Weinabende.

# FACHBÜCHER

***Braatz, Dieter; Swoboda, Ingo; Sautter, Ulrich: Weinatlas Deutschland. Hallwag, 2007***
Dieser Atlas ist ein Standardwerk für jeden Weinfreund, der das Weinland Deutschland und seine herausragenden Lagen intensiver kennenlernen möchte. Alle 13 deutschen Weinanbaugebiete werden ausführlich vorgestellt und die Lagen nach ihrer Qualität beurteilt. Hat selbst gebraucht noch einen stolzen Preis, ist aber jeden Cent wert.

***Johnson, Hugh: Der große Johnson – Die Enzyklopädie der Weine, Weinbaugebiete und Weinerzeuger der Welt. Hallwag, 2009***
Der englische Weinpapst Hugh Johnson gibt in diesem Buch jedem Weinfreund schier unendliches Weinwissen an die Hand. Detailliert beschreibt er wichtige Weinbauregionen, Weine und Winzer. Darüber hinaus bekommt man interessante Hintergrundinformationen zu Rebsorten und Herstellungsverfahren. Ein praktischer Teil rundet das monumentale Standardwerk ab.

***Johnson, Hugh: Der kleine Johnson 2020 – Weinführer. Hallwag, 2019***
Wer es etwas kompakter möchte, dem sei dieses Büchlein empfohlen. Man kann es in jede Reisetasche stecken und unterwegs nachschlagen, welche Winzer man besuchen sollte und welche Jahrgänge besonders empfehlenswert sind. Ein Glossar mit kompaktem Weinwissen ist mit inbegriffen. Ich habe dieses Büchlein schon oft auf meinen Reisen im Rucksack dabeigehabt.

***Mengler, Hermann; Kraus, Stefan: Weine verkosten – Das Sensorik-Seminar. Verlag Eugen Ulmer, 2017***
Hermann Mengler ist eine Koryphäe in Sachen Weinbau und Kellertechnik. Er berät unzählige Weinbaubetriebe im Auftrag des Bezirks Unterfranken/Bayern. Hier hat er zusammen mit Stefan Kraus, ebenfalls Fachberater für Kellertechnik, ein Buch herausgegeben, das prall gefüllt ist mit professionellen Anregungen für das richtige Verkosten und die Durchführung von Weinproben.

***Robinson, Jancis: Das Oxford Weinlexikon. Hallwag, 2007***
Jancis Robinson, Master of Wine, ist als eine der angesehensten Weinexpertinnen überall auf der Welt in Sachen Wein unterwegs. Mit 168 Coautoren hat sie hier ein Lexikon des Weines zusammengestellt, das seinesgleichen sucht. Es war mir bei meiner Ausbildung zum Sommelier mit seinen über 4000! Stichwörtern und fachlich kompetenten Erläuterungen eine wertvolle Hilfe und begleitet mich bis heute.

***Wiegelmann, Britta: Gault & Millau Weinguide Deutschland 2020. ZS Verlag, 2019***
Wer wissen will, welche Winzer und ihre Weine derzeit zur Spitze in Deutschland gehören und was man unbedingt mal probieren sollte, der kommt an diesem Weinführer nicht vorbei. Ein Wegweiser mit treffsicheren Empfehlungen.

# SPEZIALTHEMEN

*Fischer, Christina: Wein und Speisen – Leidenschaft mit System.*
*Fackelträger, 2012*
Verständlich, praktisch und sehr unterhaltsam erklärt die sympathische Top-Sommelière Christina Fischer, wie die Kombination von Wein und Speisen gelingt. Ein Muss für jeden Genießer, Weinfreund und Hobbykoch!

*Kreis, Bernd: Essen und Wein. Hallwag, 2004*
Der Sommelier und Weinhändler Bernd Kreis aus Stuttgart stellt klassische Gerichte und dazu passende Weine vor.

*Schartl, Angelika: Wein aus dem Garten – Pflanzen – Pflegen – Ernten.*
*Kosmos, 2018*
Es ist sehr reizvoll und allemal eine Erfahrung wert, selbst Weinstöcke zu pflanzen und die späteren Früchte zu verarbeiten. Weinbauexpertin Angelika Schartl berät beim Rebenkauf, gibt Pflanz- und Pflegetipps, zeigt den Umgang mit Schädlingen und schildert detailliert, was man aus Trauben so alles machen kann. Dieses Buch begleitet mich als wertvoller Ratgeber, seit ich vor vielen Jahren meine ersten Weinstöcke im Garten gepflanzt habe.

# GEISTLICHE LITERATUR

*Grün, Anselm: Der Wein – Geschenk des Himmels und der Erde.*
*Vier Tuerme Verlag, 2012*
Pater Anselm Grün, bis 2013 wirtschaftlicher Leiter der Benediktinerabtei Münsterschwarzach, ist für viele in geistlicher Hinsicht Quell der Inspiration, was seine beliebten Publikationen und die unzähligen Vorträge und Seminare beweisen. Hier hat er ein Buch über den Wein geschrieben und ich finde, dass es für Weinfreunde ebenfalls zu den Standardwerken gehört. Er rückt –

längst überfällig – die Lebensfreude und den Genuss in den Vordergrund und widmet sich ausführlich der symbolischen Bedeutung des Weines.

**Gutermuth, Paul-Georg: Der Wein und die Bibel – Freude ohne Grenzen. Paulinus, 2019**

Der Autor widmet sich der reichen Symbolik des Weines in der Bibel. Wer also etwas tiefer in die Materie »Wein in der Bibel« eindringen möchte, kommt um die Lektüre dieses Buches nicht herum. Zu welchem Schluss er kommt, macht schon der Titel deutlich. Für ihn berühren sich buchstäblich im Wein Himmel und Erde.

**Voss, Florian: Gute Tropfen und rauschende Feste – Die schönsten Wein- und Festgeschichten der Bibel. Deutsche Bibelgesellschaft, 2017**

Florian Voss bietet in seinem Buch – thematisch sortiert – eine Sammlung ausgewählter Bibeltexte zum Thema Wein an und stellt eine kurze Erklärung voran. Für Weininteressierte und Bibelfreunde ein reicher Fundus!

**Zur Nieden, Eckart: Der Wein erfreut des Menschen Herz – Weingeschichten der Bibel nacherzählt von Eckart zur Nieden. SCM Collection, 2007**

Eckart zur Nieden war über 35 Jahre mit seinen vielen Beiträgen in Wort und Bild eines der Aushängeschilder für den Evangeliumsrundfunk in Deutschland. In diesem Buch hat er eine Sammlung von Bibelstellen zum Thema Wein zusammengetragen und unterhaltsam neu interpretiert. Dieses Buch ist eine Fundgrube für alle, die passende Ideen für Andachten oder Weinabende suchen.

# A

### Abstich

Nach dem Vergären des Weines wird der junge Wein von den abgestorbenen Hefezellen getrennt.

### Agraffe

Schaumwein besitzt eine große Menge gebundenes Kohlendioxid. Es wird dadurch ein hoher Druck auf die Flasche und den Korken ausgeübt. Damit der Korken nicht unbeabsichtigt herausgedrückt wird, sichert man ihn mit einem Drahtgeflecht – der Agraffe.

### Alkoholische Gärung

Hefezellen wandeln den Zucker im frischen Traubenmost in Alkohol und Kohlendioxid um.

### Äpfelsäure

Eine der Fruchtsäuren im Wein. Erinnert an herbe Äpfel. Bei Rotwein lösen Milchsäurebakterien eine zweite Gärung aus. Dabei wird die Apfelsäure in mildere Milchsäure umgewandelt. Dabei spricht man vom biologischen Säureabbau.

### Aromen

Wein enthält flüchtige Stoffe, die mit dem Geruchs- und dem Geschmackssinn wahrnehmbar sind. Man unterscheidet zwischen Primär-, Sekundär- und Tertiäraromen. Primäraromen werden oft als fruchtige Noten im jugendlichen Wein wahrgenommen. Sekundäraromen entstehen durch die Vergärung und die Art des Ausbaus des Weines. Tertiäraromen entwickeln sich bei der Fass- und Flaschenlagerung.

### Ausbau

Bezeichnet die Reifung des Weines nach der Vergärung bis zur Abfüllung in Großgefäßen wie Stahltanks oder Eichenfässern.

### Ausdünnen

Zur Steigerung der Qualität werden ein Teil der Fruchtansätze und später auch Trauben aus den Reben geschnitten.

### Auslese

Bezeichnet die erste Prädikatsstufe der edelsüßen Weine. Auslesen werden aus gesunden, vollreifen Trauben produziert.

### Barrique

Die in Bordeaux übliche Fassgröße, welche 225 Liter fasst. Diese Eichenholzfässer werden heute überall auf der Welt für den Ausbau hochwertiger Weine verwendet. Je nachdem, wie stark die Fässer von innen ausgebrannt wurden und wie häufig sie mit neuem Wein befüllt werden, beeinflussen sie den Geschmack des Weines. Durch die Lagerung entstehen zum Beispiel Noten von Toast, Kaffee, Vanille und Kokos.

### Begrünung

Das Anpflanzen von Pflanzen. Insofern also kein spezifischer Begriff aus dem Weinanbau. Heute wird fast überall im Weinbau zwischen den Rebzeilen mit sogenannten Leguminosen begrünt, welche vor Erosion schützen, zugleich den Boden gesund halten und mit den nötigen Nährstoffen anreichern.

### Biologischer Säureabbau (BSA)

Wird auch als zweite Gärung bezeichnet, bei welcher die harte Apfelsäure in weiche Milchsäure umgewandelt wird. Bei Rotwein findet der BSA in der Regel von selbst statt, bei Weißwein wird er eingeleitet, um weichere, vollmundigere Weine zu erreichen.

### Blanc de Noir

Fast alle roten Traubensorten haben weißes Fruchtfleisch. Trennt man die Beerenhäute vor der Vergärung vom Most, wird auch aus roten Trauben Weißwein gewonnen. Er zeichnet sich durch etwas mehr rote Fruchtnoten aus.

### Böckser

Ist ein Wein zu stark schwefelhaltig, bringt er unangenehme Geruchsnoten mit sich, die an Ziegenbock (daher Böckser), Kohl oder Knoblauch erinnern können. Dieser Weinfehler entsteht unter anderem durch zu hohe Gärtemperaturen oder zu viel Schwefeleinsatz beim Konservieren und Klären.

### Botrytis Cinerea

Es handelt sich um denselben Schimmelpilz, den wir häufig auch auf altem Brot finden. Hier ist er giftig, auf der Weinbeere sorgt er für die Perforation der Traubenhaut. Der Wasseranteil in der Beere nimmt ab und der Zucker sowie die Aromen konzentrieren sich.

Daher nennt man ihn im Weinbau auch Edelfäule. Durch diesen Pilz entstehen die berühmtesten und besten edelsüßen Weine der Welt, wie Beerenauslesen und Trockenbeerenauslesen (zum Beispiel aus Sauternes in Bordeaux). Sie sind erkennbar an einer deutlichen Honignote.

### Bukett (frz. Bouquet)

Was wir durch aromatische Stoffe im Wein herausriechen und -schmecken können, nennt sich fachsprachlich Bukett.

# C

### Chambrieren

Bezeichnet den Vorgang, wenn ein Wein auf die optimale Trinktemperatur gebracht wird.

### Cuvée

Traditionelle Methode, die besten Charaktereigenschaften verschiedener Rebsorten in einem Wein zu vereinen. Auf diese Weise können Jahrgangsunterschiede ausgeglichen werden und ein für das Weingut gewünschtes typisches Geschmacksbild erzeugt werden.

# D

### Degorgieren

Der zuvor im Kältebad eingefrorene Hefepfropfen im Flaschenhals einer Schaumweinflasche wird entfernt, bevor sie mit Korken verschlossen wird.

### Degustation
So nennt man das Probieren und Beurteilen von Wein.

### Dekantieren
Ältere unfiltrierte Rotweine und Weißweine mit Weinstein werden in eine Karaffe umgefüllt. Es verbleibt nur ein kleiner Rest Wein in der Flasche, in dem sich das Depot oder der Weinstein befindet.

### Depot
Im Laufe der Flaschenreife setzen sich Gerb- und Farbstoffe ab, die allerdings keinen Qualitätsverlust bedeuten.

### Einzellage
Wird ein Wein aus einer einzelnen Parzelle im Weinberg mit eigenem Lagennamen produziert, darf er bei Qualitäts- und Prädikatsweinen auf dem Flaschenetikett erwähnt werden. Er muss nach dem Weingesetz bestimmte strenge Qualitätsmaßstäbe erfüllen.

### Eiswein
Erst wenn im Weinberg mindestens minus sieben Grad herrschen und die Trauben folglich komplett durchgefroren sind, darf der später daraus produzierte Wein die Prädikatsbezeichnung Eiswein tragen. Künstliches Einfrieren ist nach dem Weingesetz verboten.

### Entsäuerung
Hat ein Wein zu viel unerwünschte Säure, kann unter bestimmten Voraussetzungen der Säuregehalt künstlich herabgesetzt werden.

### Erzeugerabfüllung
Nach dem europäischen Weingesetz darf ein Wein nur dann als Erzeugerabfüllung bezeichnet werden, wenn er vom Weinbergbesitzer gekeltert und abgefüllt wurde.

### Erziehung
Die Arbeiten im Weinberg, bei welchen der Wein gebunden oder ein bestimmter Anteil an Laub, Trieben, Blüten und Trauben entfernt wird.

**F**

### Federweißer

Befindet sich Traubenmost noch in der Gärung, bezeichnet man ihn als Sauser oder Federweißen. Er wird mit angenehmer Restsüße gerne zu Zwiebel- oder Flammkuchen getrunken.

### Filtration

Um Wein oder Most von Feststoffen, Pektinen und anderen Partikeln zu befreien, wird er gefiltert.

### Firne

Hat ein Wein ein gewisses Alter erreicht, schmeckt man dieses deutlich heraus. Primäre Fruchtaromen gehen zurück und machen reiferen Noten zum Beispiel von Pilzen, nassem Laub oder würzigen Noten Platz.

### Flaschengärung, traditionelle oder klassische

Schaumwein kann sowohl im Drucktank als auch in der Flasche hergestellt werden. Bei der Flaschengärung wird durch Zugabe von Zuckerlösung eine zweite Gärung ausgelöst, in deren Verlauf Kohlendioxid entsteht, welches später im Laufe der Reife immer feinperliger wird und als sehr angenehm prickelnd empfunden wird.

### Fruchtrute

Am einjährigen Holz wachsen später die fruchttragenden Triebe. Ein bis zwei dieser Ruten bleiben stehen, der Rest wird entfernt.

### Fruchtsäuren

Im Wein kommen in der Hauptsache Wein- und Apfelsäuren als Fruchtsäuren vor.

**G**

### Ganztraubenpressung

Bei der Weißweinbereitung wird in manchen Regionen bewusst mit den Rappen, also den grünen Stielen der Reben gepresst. Sie sorgen für eine schonendere Pressung und schnelleren Mostablauf. Allerdings werden dabei auch Gerbstoffe (Phenole) frei, daher wird diese Methode nur in besonders guten Jahren und bei hoher Qualität der Trauben angewandt.

### Gelatine

Wird verwendet, um den Wein von Trübstoffen zu klären.

### Gerbstoffe

In der Traubenschale, den Kernen und den Stielen befinden sich Tannine, die im Wein als unangenehm und hart empfunden werden können. Im Laufe der Reife des Weines bilden die Tannine Molekülklumpen und werden nicht mehr als herb wahrgenommen.

Ausnahme: Stammen die Tannine von unreifem Lesegut, bleibt die bittere und herbe Note auch im gereiften Wein schmeckbar.

### Glycerin

Als edel bezeichneter dreiwertiger Alkohol, der beim Schwenken des Glases die sogenannten Kirchenfenster hinterlässt, wenn der Wein an der Glaswand wieder zurück in den Kelch fließt.

### Gutsabfüllung

Ist in einem Weingut ein ausgebildeter Winzer tätig und die Weinberge werden alle selbst bewirtschaftet, dann darf sich diese Erzeugerabfüllung laut Weingesetz auch Gutsabfüllung nennen.

# H

### Hefen

Pilzstämme, die in der Luft, auf Pflanzen und Früchten vorkommen. Sie ernähren sich von Zucker und wandeln diesen in Alkohol, Wärme und Kohlendioxid um. Manche Winzer verwenden bei der Spontangärung diese natürlichen Hefen. Dies birgt einige Risiken: unter anderem Fehltöne im Wein und unsauberes Durchgären. Daher verwenden viele Winzer gezüchtete Hefestämme, die sauber ohne Verzögerung durchgären und die Aromen schonen. Weine können durch Reinzuchthefen aber auch etwas eintönig wirken.

### Hektar

Flächenmaß: 1 ha = 100 a = 10 000 m²

# K

### Kabinett

Die niedrigste Prädikatsstufe im deutschen Weingesetz. Sie bemisst sich wie alle Prädikatsbezeichnungen (zum Beispiel Kabinett, Spätlese, Auslese) nach dem Zuckergehalt im Traubenmost.

Dieser sagt aber nichts über die Qualität des Weines aus, weshalb die Bezeichnungen immer weniger Verwendung finden.

### Karaffieren

Junge, noch etwas unreife Weine werden durch das Umfüllen in eine Karaffe mit Sauerstoff umspült. Dadurch erfahren sie eine Art Turboreifung, die den Wein zugänglicher machen kann.

### Keltern

Der Pressvorgang der Trauben.

### Körper

Ein körperreicher Wein hat einen hohen Anteil an Extraktstoffen samt Alkohol. Minderwertige Qualitäten haben oft einen geringen Körper.

### Korkgeschmack, Korkschmecker

Ein Weinfehler, der durch Bakterienbefall in Chlorverbindungen ausgelöst wird. Ursache können fehlerhafte Korken oder unsachgemäßer Umgang mit Bleichmitteln (Kartonagen, Paletten und Reinigungsmitteln) sein.

Der entstehende Geruch nach moderiger, nasser Pappe verdirbt den gesamten Wein.

### Kreuzung

Zwei Weinsorten werden miteinander gekreuzt, um eine neue Sorte mit bestimmter Charakteristik oder Widerstandsfähigkeit zu erzielen.

# L

### Laubschnitt

Auch »Gipfeln« nennen die Winzer diesen Arbeitsschritt im Sommer, die Reben zu kürzen und in ihrem Wachstum zu beschränken.

# M

### Maische

Angepresste, aufgeplatzte Trauben samt dem bereits ausgetretenen Most.

### Maischeerhitzung

Wird auch Maischekurzzeiterhitzung genannt. Die Maische roter Trauben wird durch eine erhitzte Metallspirale gepumpt. Dabei lösen sich die Farbpigmente aus den Traubenschalen. Man spart sich dadurch die aufwendigere Vergärung auf der Maische. Wird häufig für einfachere Qualitäten eingesetzt. Man kann einen solchen Wein manchmal an einer karamelligen Note (durch die Erhitzung karamellisiert der Zucker im Most) erkennen.

### Maischegärung

Die Beeren werden von den Stielen befreit, leicht anpresst und im offenen Bottich vergoren. Je länger diese Vergärung stattfindet, desto mehr Farbpigmente lösen sich durch den entstehenden Alkohol aus den Traubenschalen.

### Mazeration

Wird sowohl bei Weiß- als auch bei Rotwein angewandt. Der Most hat Kontakt mit den Beerenschalen und dabei werden Farb-, Aroma- und Gerbstoffe frei, die sich mit dem Most verbinden.

### Most

Abgepresster Traubensaft.

### Mostgewicht

Der Traubenmost hat ein bestimmtes Gewicht im Verhältnis zu seinem Volumen. Ein Mann namens Öchsle hat eine Waage erfunden, die anhand dieses Gewichts den Zuckergehalt im Most messen kann. Aus ihm lässt sich der spätere Alkoholgehalt im vergorenen Wein errechnen.

### Mostkonzentration

Entzieht man dem Most Wasser, wird der spätere Wein konzentrierter und alkoholreicher.

### Mutation

Die Weinrebe neigt zu natürlichen Mutationen, sprich einer Veränderung des genetischen Erbgutes. Dies passiert unter anderem, wenn eine

Rebsorte in verschiedenen klimatischen Zonen angebaut wird. Der Wein passt sich damit seiner Umgebung an. Man vermutet, dass sich ehemals weiße Trauben durch Erderwärmung und erhöhte Sonneneinstrahlung eingefärbt haben, um sich zu schützen. Weiß- und Grauburgunder haben den umgekehrten Weg genommen und sind durch Mutation aus dem Spätburgunder entstanden.

### Oechsle

Maßeinheit für das spezifische Mostgewicht.

### Önologie

Vom griechischen *oinos* abstammend, bezeichnet das Wort Önologie die professionelle Beschäftigung mit Weinkunde und Weinbereitung.

### Oxidation

Der Kontakt mit Sauerstoff lässt Traubenmost oder Wein altern.

### Perlwein

Wein, dem nachträglich Kohlensäure zugefügt wurde (zum Beispiel Frizzante oder Secco).

### Prädikatswein

Das europäische Weingesetz definiert bestimmte Weinkategorien mit geschützten Ursprungsbezeichnungen, die bestimmte Qualitätsanforderungen erfüllen müssen. Die Prädikatsbezeichnungen sind nach Höhe des spezifischen Mostgewichts eingeteilt in Kabinett, Spätlese, Auslese, Beerenauslese, Eiswein und Trockenbeerenauslese.

### Pfropfrebe

Die Wurzel, samt Stamm einer Reblaus resistenten Weinrebe, wird mit dem Trieb einer europäischen Rebe verbunden.

So ist der Weinstock gegen die Reblaus geschützt und behält die Charakteristik der europäischen Ursprungsrebsorte.

## R

### Rebenerziehung

Das Wachstum der Rebe wird durch Binden, Triebkürzung, Blattwerks- und Fruchtbegrenzung zur Qualitätssteigerung und leichteren Bearbeitung begrenzt.

### Rebschnitt

Im Winter, spätestens aber im März wird das überschüssige einjährige Holz entfernt, damit der Rebstock im Frühjahr nicht zu viele Fruchtruten treibt.

### Refraktometer

Statt der klassischen Oechslewaage wird heute ein handlicheres Instrument verwendet, das durch Brechung des Lichts das Mostgewicht anzeigt.

### Reinzuchthefe

Speziell für den Weinbau nachgezüchtete reinsortige Hefestämme, die für ein sauberes Durchgären des Mostes sorgen und Fehltöne verhindern.

### Restzucker, Restsüße

Wird die Gärung gestoppt oder hört beispielsweise aufgrund hohen Zuckergehalts einfach auf, enthält der Wein noch eine bestimmte Menge natürlichen Fruchtzuckers.

### Rosé

Werden rote Trauben kurze Zeit eingemaischt, also mit den Traubenschalen vergoren, löst sich nur ein Teil der Farbpigmente aus den Schalen. Der Wein bekommt eine leichte Tönung.

### Rosinieren

In einem besonderen Herstellverfahren von Rotwein (z. B. bei Recioto di Soave oder Amarone) werden die Trauben zunächst getrocknet, rosiniert, um so ein intensiveres Aroma zu erlangen.

### Rotling

Eine Besonderheit vor allem in der deutschen Weinproduktion, bei der weiße und rote Trauben gemischt verarbeitet werden. Daraus entsteht auch eine Art Rosé – er darf sich aufgrund der Mischung allerdings nicht so nennen.

### Rütteln/Rüttelpult

Zur Herstellung von Schaumwein mit der Bezeichnung »traditionelle Flaschengärung« werden die Flaschen während der zweiten Gärung verschlossen mit dem Flaschenhals voran in ein Holzgestell mit passgenauen Löchern gesteckt. Dabei werden die Flaschen regelmäßig gedreht oder kurz gerüttelt und immer weiter nach oben ausgerichtet, bis zum Schluss die Flaschen fast senkrecht im Pult stehen. Auf diese Weise wandern die abgestorbenen Hefezellen in den Flaschenhals und können vor dem Verkorken besser entfernt werden.

# S

### Schönung

Der durchgegorene Wein enthält immer noch unerwünschte Trübstoffe, die durch die Beigabe von Eiweiß oder Mineralsand (Bentonit) entfernt werden. Die Trübstoffe bleiben am Eiweiß beziehungsweise Bentonit haften und sinken zu Boden. Nun ist der Wein klar und kann abgezogen werden.

### Schwefeldioxid

Wird in sehr geringen – gesundheitlich unbedenklichen Mengen – eingesetzt, um den Wein vor vorzeitiger Alterung und unerwünschten Mikroorganismen zu schützen. Schwefeldioxid wirkt antibakteriell und konservierend.

### Sekt

Bezeichnet einen Wein, bei dem die natürliche Kohlensäure erhalten wurde. Dies kann schon bei der ersten Gärung geschehen oder bei der malolaktischen Gärung. Dieses Produkt muss laut Weingesetz einen Druck vom mindestens 3,5 bar in einem geschlossenen Behältnis und einen tatsächlich vorhandenen Alkoholgehalt von mindestens zehn Volumenprozent haben.

### Spätlese

Wird ein Qualitätswein aus vollreifem und gesundem Lesegut (keine rosinierten Beeren) erzeugt, das mindestens 85 Grad Oechsle Mostgewicht aufweist, darf er als Spätlese bezeichnet werden.

### Stainlesscap, Kronkorken

Man kennt den klassischen Kronkorken von der Bierflasche. Er wird als Verschlussmöglichkeit bevorzugt für jung zu trinkende Weine verwendet, da er sich nicht für längere Lagerung eignet.

### Steillage

Hat ein Weinberg mehr als 30 Prozent Neigung, wird er als Steillage bezeichnet.

### Sulfite

Bezeichnet den Schwefelsalzgehalt im Wein, der laut Weingesetz auf der Flasche angegeben werden muss.

### Süßreserve

Viele Winzer halten bei der Kelterung eines Weines eine gewisse Reserve vom Traubenmost zurück und sterilisieren ihn, um ihn später zur eventuellen Süßung des Weines zu verwenden.

## T

### Tannine

Bezeichnet die Gerb- oder Bitterstoffe, die im Wein zu finden sind. Sie machen den Wein lagerfähig.

### Terroir

Winzer sprechen von Terroir, wenn sie aufzeigen wollen, dass in ihrem Wein die Herkunft und die Art der Weinbereitung schmeckbar sind. Terroir wird unterteilt in ihre Einflussfaktoren Klima, Bodendiversität und Mensch.

### Transvasierverfahren

Um den fertigen Schaumwein von der Hefe zu befreien, kann er auch von der Flasche in einen Drucktank umgefüllt werden, statt jede Flasche aufwendig einzeln zu degorgieren.

### Trester

Was aus der Presse an Resten von Schalen, Kernen und Rappen kommt, hat noch genügend Restzucker, um daraus Tresterbrand (Grappa) zu destillieren. Trester ist

aber auch ein guter Dünger und wird oft wieder in die Weinberge eingebracht.

### Trockenbeerenauslese
Wenn Trauben vom Botrytispilz befallen wurden und komplett rosiniert und eingetrocknet sind, dürfen sie als späterer Wein das Prädikat Trockenbeerenauslese tragen. Sie müssen mindestens ein Mostgewicht von 150 Grad Oechsle haben.

### Trubstoffe
Der durchgegorene Wein ist noch nicht klar. Um das zu erreichen, müssen die sogenannten Trubstoffe, also Reste von Hefen, Schalen, Kernen, Eiweiß und Mikroorganismen durch Filterung oder Abzug entfernt werden.

### Untypische Alterungsnote (UTA)
Wird der Weinstock während der Reifungszeit nicht ausreichend mit Stickstoff und Wasser versorgt, kann ein Weinfehler durch Essigsäureverbindungen entstehen. Sein Aroma wird vor allem im Geschmack wahrgenommen und erinnert sehr unangenehm an Erbrochenes, muffige Wäsche oder Mottenkugeln.

### Versanddosage
Jeder Schaumwein ist am Anfang völlig trocken. Soll er später zur Abrundung etwas Restsüße haben, wird ihm vor dem Verkorken eine Zuckerlösung beigefügt.

### vinifizieren
Zu Wein verarbeiten.

### Weinbauzone
Innerhalb der EU wird die gesamte Rebfläche in Weinanbauzonen (A, B und C) aufgeteilt. Grundlage für die Einteilung sind die unterschiedlichen klimatischen Bedingungen, denen bei der Weinbereitung Rechnung getragen werden muss.

In der jeweiligen Zone ist zum Beispiel geregelt, wie viel Mostgewicht ein bestimmter Wein haben muss.

### Weinsäure
Die wertvollste im Wein vorkommende Säure, da sie nicht so hart ist wie die Apfelsäure.

### Weinstein
Wird ein Wein bei der Vergärung oder im Flaschenlager zu stark gekühlt, fällt bei der Weinsäure Kaliumsalz aus und kristallisiert. Diese Kristalle sind zwar geschmacksneutral und nicht schädlich, sehen aber nicht schön aus.

### Weißherbst
Ein Rosé, der aus nur einer roten Rebsorte vinifiziert wurde und mindestens die Stufe »Qualitätswein« besitzt. Bezeichnung wird nur in Deutschland verwendet.

195

# Anmerkungen

1 Vgl. Gerhard Polt in der Serie: Fast wia im richtigen Leben.

2 Fachsprachlich wird der Weinberg so genannt.

3 Vgl. Deutsches Weininstitut GmbH: Deutscher Wein Statistik '19/'20.

4 Vgl. ebd.

5 Mend, Matthias: Rechnen sich große Weine? Vortrag bei den Fränkischen Weinwirtschaftstagen, 2014. Abrufbar unter: https://www.lwg.bayern.de/mam/cms06/weinbau/dateien/16_wbt_2014_mend_rechnen_sich_gro%C3%9Fe_weine.pdf (zuletzt aufgerufen am 22.3.2020).

6 Fachsprachlich auch Mikroklima oder besser noch Lagenklima genannt, denn gemeint ist das Klima an einer genau umgrenzten Stelle.

7 Setzlinge sind vorgezogene Weinreben, die in einer Rebschule auf Reblaus resistente Unterlagsreben gepfropft wurden. Das Nachzüchten durch Stecklinge (eingepflanzte Triebe einer älteren Weinrebe) ist für Rebschulen und Winzer in Deutschland zur Vermeidung der Ausbreitung der Reblaus verboten.

8 Es handelt sich um einen sogenannten Schmalspurtraktor, der zur Bearbeitung des Weinbergs verwendet wird. Der Abstand zwischen den Rebzeilen beträgt in der Regel etwa zwei Meter.

9 Kommt von Wengert (Weinberg) und meint den Winzer.

10 So nennt man die einjährigen Triebe des Weinstocks, an welchem sich später die Trauben entwickeln. Weitere Synonyme sind Strecker oder Zapfen.

11 Vgl. 1. Könige 5,5; Sacharja 3,10; Micha 4,4.

12 Synonym für die Kämme beziehungsweise die Stiele der Trauben.

13 Fachsprachlich auch Traubenteilung genannt. Forschungsergebnisse der Bayerischen Landesanstalt für Weinbau und Gartenbau in Veitshöchheim bestätigen, dass sich sowohl die arbeitszeitaufwendige

Traubenreduktion als auch die Traubenteilung messbar auf die Traubenqualität auswirken. Vgl.: Schwab, Arnold; Peternel, Manfred und Grebner, Eberhard: Ertragsregulierung – Einfluss auf Mostinhaltsstoffe und Weinbewertung. In: Rebe und Wein, Nr. 6, Eugen Ulmer, 2004. Abrufbar unter: https://www.lwg.bayern.de/mam/cms06/weinbau/dateien/w1_ertragsregulierung.pdf (zuletzt aufgerufen am 22.3.2020).

14   Vgl. Johannes 15,1-8; Markus 12,1-9; Matthäus 9,17; Johannes 2,1-11.

15   Vgl. 4. Mose 18,12; Richter 19,19; 1. Chronik 12,40; 2. Chronik 11,11; Jesaja 5,12.

16   Vgl. 1. Mose 49,11; Amos 9,13-15.

17   Geisenheim ist eine moderne und zugleich international hoch geachtete Brutstätte für die nachkommende Winzer- und Weinhändlergeneration in Deutschland.

18   Fachsprachlich Gescheine genannt. Weitere Informationen zur Beschneidetechnik zum Beispiel in: Robinson, Jancis: Das Oxford Weinlexikon.

19   Christian Deppisch und Artur Baumann kamen zu folgendem Ergebnis: Vorher: größere Beeren, kompaktere Trauben, mehr Fäulegefahr, höherer Ertrag, geringere Qualität, stärkeres Geizwachstum. Nachher: kleinere Beeren, lockerere Trauben, geringere Fäulegefahr, Normalertrag, verbesserte Qualität, gemindertes Geizwachstum. Vgl.: Deppisch, Christian und Baumann, Artur: Laubschnitt und Entlauben – Was geschieht in der Pflanze? Abrufbar unter: https://www.lwg.bayern.de/mam/cms06/weinbau/dateien/laubschnitt_und_entlauben_was_geschieht_in_der_pflanze.pdf (zuletzt aufgerufen am 22.3.2020).

20   Matthäus 7,6

21   Vgl. Johannes 15,6: verdorrte und verbrannte Reben.

22   Oder auch Kellnerbesteck genannt.

23   Wer es edler und schöner möchte, dem sei ein Kellnermesser von Languiole empfohlen. Einige Sommeliers schwören auf die unverwüstliche Qualität dieses französischen Fabrikates.

24     Der Bodensatz bei unfiltriertem gereiftem Rotwein.

25     Vgl. 1. Mose 9,20.

26     Vgl. 5. Mose 20,6.

27     Vgl. 5. Mose 14,22-26.

28     Vgl. Lukas 7,34.

29     Vgl. Markus 2,17.

30     Vgl. Johannes 15,5.

31     Markus 14,12-26.

32     Jesaja 25,6.

33     Vgl. Gibel, Kurt: Weine degustieren – leicht & spielend. Gräfe und Unzer, 2003.

34     Zum Beispiel: 5. Mose 14,22-26; Sprüche 31,6; Johannes 2,1-11.

35     Auch Depot genannt.

36     Vgl. Gibel, Kurt: Weine degustieren.

37     Eine weitere Geschmackswahrnehmung nennt sich "umami" (jap. für köstlich). Sie wurde erst vor einigen Jahren wissenschaftlich nachgewiesen und beschreibt den z.B. in Tomaten enthaltenen Geschmacksverstärker Glutamat.

38     Der Ausspruch »schmecket und sehet« geht auf den altisraelitischen Brauch zurück, dass man nach einer Gebetserhörung mit seinen Freunden noch im Tempel ein Fest feierte (z.B. auch Psalm 23: »Du deckst mir einen Tisch im Angesicht meiner Feinde[…], Kelch des Heils[…].«

39     Bezeichnet die höchste Qualitätsstufe bei trockenen Weinen im Verband deutscher Prädikatsweingüter (VDP).

40     Der Fachausdruck für die Reifung des Weines.

41     Es erleichtert die Sache, wenn eine Übersetzung oder Übertragung in heutiger Sprache gewählt wird, zum Beispiel Neues Leben.

42     Apokryphen sind Schriften, die nicht in den biblischen Kanon aufgenommen wurden, aber dennoch viel über das Leben mit Gott zu sagen haben.

43     Vgl. Tobit 4,15; Matthäus 7,12.

44     Etwa 736–701 v. Chr.

# Bildquellen

**Adobe Stock:**
21, 22, 25, 30, 36, 43, 46, 49, 53, 56/57, 67, 74, 83, 94, 98, 99, 101, 104, 107, 110/111, 115, 122, 124/125, 127, 149, 152, 160, 173

**Lightstock.com**
145, 146, 147

**Pixabay.com**
59, 182, 184, 187, 188, 190, 192, 195

**Pexels.com**
68, 71, 140,

**Unsplash.com**
12, 14, 16, 19, 32, 39, 40/41, 60, 62, 77, 79, 84, 86, 88/89, 90, 118, 129, 131, 133, 134, 136, 143

*Margaret Feinberg*

# GOTTES GÜTE SCHMECKEN

### Das Geheimnis, das Leben mit allen Sinnen zu genießen

Könnte es sein, dass Essen nicht nur dazu gedacht ist, um unsere Bäuche zu füllen? Sondern auch, um einen Ort zu schaffen, an dem Gott uns begegnen und unsere Herzen füllen kann? Machen Sie sich mit Margaret Feinberg auf eine Entdeckungstour durch die Bibel.

Gebunden, 14,8 x 21 cm, 240 Seiten
Nr. 226.950, ISBN 978-3-417-26950-5

R.Brockhaus

## GOTTES GÜTE SCHMECKEN

**Gedanken und Rezepte für Genießer**

Stimmungsvolle Bilder mit Zitaten und Bibelversen sind ein Hingucker, und die Rezepte auf der Rückseite laden zu einer kulinarischen Entdeckungsreise ein. Auf 52 Blatt entdeckt man jede Woche eine neue Seite oder ein neues Gericht …

Spiralbindung, 17 x 16 cm, 108 Seiten
Nr. 629.865, ISBN 978-3-7893-9865-0

*Dän Klein*

## GRILLEN MIT HERZ UND FEUER

**Das Geheimnis, das Leben mit allen Sinnen zu genießen**

Der zweifache deutsche Grillmeister (2010/2012) Dän Klein verrät hier, was Mann übers Grillen wissen muss und gibt Profitipps. Da gehört der verantwortungsvolle Umgang mit Gottes Schöpfung dazu. Der umfangreiche Rezeptteil lässt keine Wünsche offen. Grillen Sie wie ein Meister!

Gebunden, 21 x 26,6 cm, 144 Seiten
Nr. 629.794, ISBN 978-3-7893-9794-3

# FASZINATION
# BIBEL

Das Buch der Bücher lieben lernen

## Jetzt die faszinierende Wirklichkeit von Gottes Wort neu entdecken!

- **Faszinierendes Wissen**
  Von archäologischen Entdeckungen bis zum jüdischen Alltag oder der Lebenswelt der ersten Gemeinden.

- **Persönliche Erfahrungen**
  Die lebendige Wirklichkeit von Gottes Wort verstehen lernen durch persönliche Berichte und erlebte Wahrheit.

- **Wege in die Bibel**
  Einen eigenen Zugang finden in die Welt der Bibel und ihre Relevanz für heute neu verstehen und anwenden mit Gott zu leben.

Jährlich ein hochwertiges Themenheft!

Ein Abonnement (5 Ausgaben im Jahr) erhalten Sie in Ihrer Buchhandlung oder unter:

www.bundes-verlag.net

Deutschland:
Tel.: 02302 93093-910
Fax: 02302 93093-689

Schweiz:
Tel.: 043 288 80-10
Fax: 043 288 80-11

www.faszination-bibel.net

SCM
Bundes-Verlag